Inhalt

I. Wort- und Sacherklärungen

In diesem Kommentar wird folgende Zitierweise gebraucht:

1. Werkausgaben und Sammlungen von Dokumenten werden entweder unter einem Sigel (»SW«, »Lebensspuren«, »Nachruhm«) oder unter Angabe des Herausgebers mit Band- und Seitenzahl zitiert. Die vollständigen Angaben und Sigel-Auflösungen vgl. im Kap. VII, Literaturhinweise, Abschnitt 1.

2. Forschungsliteratur (spezielle Untersuchungen zum »Käthchen«) wird nur unter dem Namen des Verfassers zitiert, wobei die betreffende Seitenzahl in Klammern dahinter gesetzt ist. Die vollständigen Angaben (Titel usw.) vgl. Kap. VII,3.

3. Hilfsmittel (Wörterbücher und Nachschlagewerke) werden ohne nähere Band- und Seitenangaben nur unter dem Namen des Verfassers oder Herausgebers zitiert. Die vollständigen Angaben vgl. Kap. VII,4.

Der Kommentar beschränkt sich auf die Textgestalt der Reclam-Ausgabe, die der vierten, revidierten Auflage der Sämtlichen Werke und Briefe (hrsg. von Helmut Sembdner. München: Hanser 1965) folgt. Einzelne Abweichungen von der Textgestalt der Erstausgabe (Berlin 1810, vgl. Kap. VII,1) werden deshalb nicht vermerkt. Kleinere Textvarianten aus dem fragmentarischen Vorabdruck des »Käthchens« im »Phöbus« (Dresden 1808, vgl. Kap. VII,1) sind nur in wenigen Fällen mit dem Zusatz »Phöbus:« vermerkt. Eine Auswahl größerer Varianten ist im Kap. II abgedruckt.

Titel

Der vollständige Doppeltitel und der Untertitel findet sich erst auf dem Titelblatt der Buchausgabe von 1810 (vgl. Abb. Kap. V), dort mit dem zusätzlichen Hinweis auf die Erstaufführungen: »Aufgeführt auf dem Theater an der Wien den 18. 19. und 20. März 1810.« Im Titel des fragmentarischen Vorabdrucks im »Phöbus« (1808) fehlt der Untertitel: »Ein großes historisches Ritterschauspiel« (vgl.

Erläuterungen und Dokumente

Heinrich von Kleist
Das Käthchen von Heilbronn
oder die Feuerprobe

Von Dirk Grathoff

Philipp Reclam jun. Stuttgart

Dieser Kommentarband enthält zum Teil ungedrucktes
und zum Teil bisher unberücksichtigtes Material. Für die
freundliche Unterstützung bei der Beschaffung dieses Ma-
terials dankt der Herausgeber der Wiener Stadtbibliothek
und der Heinrich-von-Kleist-Sammlung in der Amerika-
Gedenkbibliothek Berlin.

Kleists »Käthchen von Heilbronn« liegt unter Nr. 40 in
Reclams Universal-Bibliothek vor. Auf diese Ausgabe be-
ziehen sich die Seiten- und Zeilenangaben in den Erläuterungen.

Universal-Bibliothek Nr. 8139
Alle Rechte vorbehalten
© 1977 Philipp Reclam jun. GmbH & Co., Stuttgart
Bibliographisch ergänzte Ausgabe 1994
Gesamtherstellung: Reclam, Ditzingen. Printed in Germany 1998
RECLAM und UNIVERSAL-BIBLIOTHEK sind eingetragene Marken
der Philipp Reclam jun. GmbH & Co., Stuttgart
ISBN 3-15-008139-4

Abb. Kap. II). Auf dem Theaterzettel der Wiener Erstaufführung lautet der Titel: »Das Käthchen von Heilbronn. Ein Schauspiel in fünf Aufzügen« (vgl. Abb. Kap. IV).

Käthchen: Koseform von ›Katharina‹ (vgl. Anm. zu 6,9). Zuverlässige Anhaltspunkte für Grund oder Anlaß zur Namenswahl konnten bisher nicht ermittelt werden. Irgendwelche historischen oder literarischen Vorbilder kommen wahrscheinlich nicht in Frage (zu vagen Vermutungen vgl. Kap. III,2). Kleist ging es bei der Namenswahl wohl vor allem um die volkstümliche Koseform (vgl. 7,19 f.: dort wird der Titel als volkstümliche Namensgebung eingeführt).

Heilbronn: bekannte mittelalterliche Stadt im württembergischen Neckarkreis. Soll um 800 von Karl dem Großen gegründet worden sein (Reichsdomäne mit Kaiserpfalz), seit etwa 1360 freie Reichsstadt. Wahrscheinlich wählte Kleist den Ort, weil er im Zusammenhang mit der mittelalterlichen Geschichte allgem. bekannt war. Darüber hinaus mag auch Goethes »Götz von Berlichingen« mit den Heilbronner Szenen (und Götzens Heilbronner Gefangenschaft) im 4. und 5. Akt anregend gewirkt haben (vgl. »Götz von Berlichingen«, Reclams UB Nr. 71, S. 78–86, 104, 109–111).

Feuerprobe: eigtl. eine Form der mittelalterlichen Gottesurteile (Ordalien), welche bes. in strittigen Rechtsfällen angewandt wurden, die wegen widersprüchlicher Zeugenaussagen o. a. nicht entschieden werden konnten. Feuerproben wurden auf verschiedene Weise vollzogen: entweder mußte der Angeklagte mit bloßen Füßen über glühende Kohlen oder Pflugscharen laufen, ein glühendes Stück Eisen in Händen halten, oder es wurde ihm ein in heißem Wachs getränktes Hemd angezogen. Wer solche Feuerproben ohne Verletzung überstand, galt als unschuldig. Daneben wurden mehrere andere Arten von Gottesurteilen angewandt, so z. B. die Wasserprobe, bei der ein Angeklagter mit zusammengebundenen Händen und Füßen ins Wasser geworfen wurde. Wer das glückliche Unglück hatte, nicht unterzutauchen, galt als schuldig und wurde hingerichtet; wer das unglückliche Glück hatte, unterzutauchen, galt als unschuldig und mußte

nicht mehr hingerichtet werden. Eine andere Form von
Gottesurteil war der gerichtliche Zweikampf (Gottes-
gericht), bei dem der Unterlegene als schuldig galt.
Kleist war wahrscheinlich durch rechtshistorische Studien
mit den verschiedenen Arten von Gottesurteilen genau
vertraut (einen Überblick bietet z. B. Friedrich Majer:
Geschichte der Ordalien, insbesondere der gerichtlichen
Zweikämpfe in Deutschland. Jena 1795). Das Gottesurteil des gerichtlichen Zweikampfs hat Kleist sowohl im
»Käthchen« (vgl. Szene V,1) als auch in mehreren anderen
Werken behandelt (vgl. bes. die Erzählung »Der Zweikampf«; weitere Hinweise vgl. Kap. III,1). Ebenso erwähnte er auch andere Arten von Gottesgerichten häufiger in seinen Werken (vgl. u. a. die Anekdoten-Bearbei-
tung »Beitrag zur Naturgeschichte des Menschen«, SW
II, 286 f.).
Das Grausig-Schauerliche der mittelalterlichen Gottesurteile ist in den zeitgenössischen Ritterromanen und
-dramen mehrfach herausgestrichen worden (vgl. dazu
Kap. III, Anm. 8), damit steht das »Käthchen« jedoch
nicht in Verbindung (bestenfalls durch den auf Publikumswirksamkeit zielenden Doppeltitel). Die *Feuerprobe* bezieht sich hier nämlich nicht auf ein echtes
Gottesurteil, sondern einfach auf die ›Probe‹, die Käthchen in der brennenden Burg Thurneck bis zur Rettung
durch den Cherub besteht (vgl. Szenen III,12–14).

Ritterschauspiel: Die gattungsgeschichtlichen Beziehungen
  zur Tradition des Ritterdramas werden im Kap. III,1
  ausführlich behandelt.

Personen

Die in eckige Klammern gesetzten Personen fehlen im Personenverzeichnis der Buchausgabe von 1810. Zu den Abweichungen auf dem Theaterzettel der Wiener Erstaufführung vgl. Kap. IV.
Die Namen sind frei gewählt, sie gehen nicht auf bestimmte geschichtliche Personen zurück. So wird *Der Kaiser* (3,2)
nicht näher benannt, und *Gebhardt* (3,3) ist als Name von
mehreren Bischöfen und Erzbischöfen überliefert, allerdings gibt es keinen Bischof von Worms dieses Namens.

Einen *Erzbischof von Worms* kann es nicht geben, weil Worms niemals Erzbistum war. (Zum ›historischen‹ Gehalt vgl. auch Anm. zu 3,34.)

3,4 *Wetter ... vom Strahl:* Der Namensbildung liegt das Wort ›Wetterstrahl‹ (Blitz) zugrunde, das Kleist öfter gebraucht (vgl. SW I, 328 u. 403; II, 140, 158 u. 185).

3,5 *Helena:* derselbe Name auch im »Robert Guiskard« (vgl. SW I, 154) und im »Zweikampf«, dort für die Mutter von Friedrich von Trota (vgl. SW II, 234 ff.).

3,7 *Flammberg:* urspr. Name eines Heldenschwerts, dann allgem. dichterischer Ausdruck für ›Schwert‹, so auch bei Kleist: »stieß ihm der Graf seinen Flammberg ... in die Brust« (SW II, 247). Sein Vorname ist *Franz* (vgl. 30,13).
Vasall: ein freier Ritter, der bei einem höheren Adligen in Diensten steht (ebenso 3,18 u. ö.).

3,10 *Kunigunde:* Der Name wird häufig in Ritterdramen gebraucht (vgl. Kap. III,1).

3,11 *Rosalie:* Denselben Namen hat eine Kammerzofe im »Zweikampf« (vgl. SW II, 256 ff.).

3,13 *Theobald Friedeborn:* Wukadinović (S. 22) vermutet, der Name könne auf die Figur ›Hans Theobald‹ aus dem Roman »Theobald oder die Schwärmer« (1784 f.) von Johann Heinrich Jung-Stilling (1740–1817) zurückgehen. Nach Angaben von Paul Hoffmann könnte der Name *Friedeborn* wiederum auf eine gewisse Landrätin von Gloger, geb. Friedeborn, eine Freundin der Familie Kleist, zurückgehen (vgl. E. Schmidt, Werke, Bd. 2, S. 460).

3,20 *Rheingraf:* Vorname *Albrecht* (vgl. 57,32).

3,25 *Hans von Bärenklau:* »Phöbus«: *Hans von Unkenfeld.* Dort als *Vehmrichter* statt *Richter des heimlichen Gerichts* aufgeführt. (Vgl. dazu Anm. zu 5,3.)

3,27 *Drei Herren von Thurneck:* Kunigundes Vettern, einer heißt *Isidor* (vgl. 35,33).

3,29 *Köhlerjunge:* Vorname *Isaak* (vgl. 34,30). Köhler (wie 3,32) sind Holzkohlenbrenner.

3,32 *Bedienten:* die schwache Pluralform damals üblich, öfter bei Kleist (heute ›Bedienstete‹).
Häscher: Büttel, Gerichtsdiener.

Außerdem werden im Stück folgende Personen erwähnt:
die Mägde *Mariane* (47,3; 83,1 u. ö.) und *Christine* (85,8),
ein Prior *Hatto* (54,28), *Peter Quanz*, Haushofmeister in
der Burg Thurneck (59,34), die Knechte *Veit Schmidt*,
Hans, *Karl Böttiger* und *Fritz Töpfer* (70,22) sowie *Gertrud*, Theobalds verstorbene Frau (96,25).

3,34 *Die Handlung spielt in Schwaben:* Die sehr allgemein
gehaltene Ortsangabe bezieht sich wahrscheinlich auf das
ganze Gebiet des schwäbisch-alemannischen Sprach-
stamms: die deutsche Schweiz, das Elsaß, Südbaden,
Württemberg und das bayrische Schwaben (vgl. z. B.
die Angaben 31,2 f.). Die Szenen V,1–3 spielen in
Worms; neben Heilbronn wird Straßburg erwähnt
(12,2 f.), doch alle anderen Ortsangaben sind so allgemein gehalten, daß die Orte der Handlung im engeren
Sinn nicht festgestellt werden können. Insbesondere
scheint es reichlich spekulativ, bestimmte geschichtliche
Orte hinter der Burg Wetterstrahl (gelegentlich wurde
auf die »Strahlenburg« bei Schriesheim nördlich von
Heidelberg hingewiesen) und der Burg Thurneck zu vermuten. Offensichtlich hat Kleist spezifische Angaben bewußt vermieden.
Ebensowenig kann die Zeit der Handlung eindeutig
festgestellt werden. Erwähnt werden Kreuzzüge (vgl.
Anm. zu 34,3 f.), demzufolge müßte die Handlung irgendwann zwischen dem Ende des 11. und dem Ende
des 13. Jh.s angesiedelt sein. Das stimmt jedoch nicht
mit dem Femgericht überein, das eher auf das 14. bis 16.
Jh. deutet. Vollends aus dem Rahmen fällt ein Hinweis
auf das Reichskammergericht in Wetzlar, das dort erst
seit 1693 bestand. Auf geschichtliche Genauigkeit hat
Kleist also verzichtet (vgl. auch Anm. zu 11,34), ebenso
wie er den *Kaiser* (3,2) nicht näher identifiziert, den
häufigen Bischofsnamen *Gebhardt* (3,3) wählt und aus-
gerechnet einen *Papst Leo* (96,26) erwähnt, denn den
Namen trugen bis zu Kleists Zeit nicht weniger als 11
Päpste. Die Zeit der Handlung kann also bestenfalls
nach Jahrhunderten, wahrscheinlich irgendwann im späteren Mittelalter vermutet werden (vgl. dazu auch Kap.
III,1).
Die engeren Zeitangaben im Stück sind ebenso wider-

sprüchlich. Aus den Berichten vor dem Femgericht (1. Akt) kann rekonstruiert werden, daß die Femgerichtsverhandlung etwa 18 bis 19 Wochen nach Pfingsten spielen müßte, also zwischen Anfang und Mitte Oktober, wenn Pfingsten auf Ende Mai fällt (nach Meyer-Benfey, S. 50 f.). Dem widerspricht die spätere Angabe am Schluß des Stücks, Strahl sei Käthchen zu Pfingsten *vor drei Monden* (92,13) begegnet, dann würde Pfingsten nur 12 Wochen zurückliegen. Wie ungenau Kleist solche Zeitangaben behandelt hat, geht auch aus der ›genauen‹ Berechnung von Käthchens Zeugung hervor (96,9 ff.), der eine falsche Altersangabe zugrunde liegt, denn Käthchen muß zu dem Zeitpunkt mehrere Monate älter als *funfzehn Jahr* sein.

Erster Akt

5,2 f. *Szene ... erleuchtet:* Vgl. dazu Kap. III,1.
5,2 *Insignien:* Amts- oder Herrschaftszeichen; hier: ein Schwert und ein Strick.
5,3 *Vehmgerichts:* Der Name Fem- oder Femegericht leitet sich von mhd. veme, ›Strafe‹, her (ältere Schreibweisen: Vehm(e), Fehm(e) auch Feyme). Diese mittelalterliche Rechtsinstanz hatte sich urspr. als sog. ›Freigericht‹ in Westfalen herausgebildet. Die Freigerichte waren nicht bloß für den Adel zuständig, sondern für die Gesamtheit der ›freien‹ Bevölkerung, insbes. für ›freie‹ Bauern. Zudem konnten nicht nur Adlige, sondern auch ›freie‹ Bauern und Bürger Schöffen werden. Es waren zunächst ›offene‹ (öffentlich tagende) Gerichte, die für sämtliche bürgerlichen Streitsachen zuständig waren. Erst im Laufe der Zeit entwickelte sich daneben die Form des ›heimlichen‹ oder ›stillen‹ Femgerichts (s. 5,11 f.), das unter Ausschluß der Öffentlichkeit und bei strikter Geheimhaltung tagte. Diese Gerichte waren nur für todeswürdige Verbrechen (Ketzerei, Zauberei, Mord u. a.) zuständig und kannten nur für die Todesstrafe durch den Strang. Nach einem festgelegten Vorladungsritual wurde der Prozeß als reines Anklageverfahren durchgeführt, wobei die Anklage nur erhoben werden konnte, wenn ein ordentliches Gericht über den Angeklagten (z. B. einen hohen

Adligen) keine Rechtsgewalt hatte oder vorher das Recht
verweigert hatte. Die Femgerichte, die sich gegen Ende
des 14. Jh.s in ganz Deutschland ausbreiteten, unterstan-
den der Rechtsaufsicht des jeweiligen Landesherrn. Den
Gerichtsvorsitz hatte gewöhnlich ein Graf inne (bzw. bei
Anwesenheit der Kaiser oder sein Statthalter), ferner
gehörten ein Gerichtsbote (hier der *Vehmherold,* s. 5,21)
und mindestens 7 oder mehr Schöffen zum Gericht. Alle
Gerichtsangehörigen waren im sog. »Freischöffenbund«
zusammengefaßt und als ›Wissende‹ zur Geheimhaltung,
zur Mitwirkung bei der Vorladung und auch zur Mit-
hilfe bei der Hinrichtung verpflichtet. (Vgl. dazu Paul
Wigand: Das Femgericht Westfalens. Halle ²1893. Nachdruck: Aalen 1968.)
Es ist durchaus möglich, daß Kleist auch durch rechtshistorische Studien mit dem Femgericht vertraut war.
Denn seine Darstellung unterscheidet sich in einigen
Punkten von den vielen literarischen und trivialliterar-
rischen Verarbeitungen des Femgerichts, die in zeitgenössischen Ritterdramen und -romanen zu finden sind
und die durch die Femgerichtsszene in Goethes »Götz«
(vgl. Reclams UB Nr. 71, S. 107 f.) angeregt wurden.
Zu den literaturhistorischen Zusammenhängen vgl. Kap.
III,1.

Erster Auftritt

5,6 *Beisassen:* Gemeint sind Beisitzer, obwohl ›Beisaß‹ in
dieser Bedeutung bei Adelung und Grimm nicht belegt
ist.

5,7 *Herren:* Angehörige des niederen Adels (ebenso 92,8).

5,10 *Schranken:* Gerichtsschranken zur Aufteilung des
Raums zwischen Richtern und Angeklagten (bzw. Zeugen). Urspr. Absperrung eines Kampfplatzes (vgl. 92,3 f.
die Schranken des Gottesgerichts). In übertragener Bedeutung auch für Gericht überhaupt (vgl. 5,31 f. *die
Schranken meiner Obrigkeit).* Häufig bei Kleist.

5,11–23 *Wir, Richter … was du willst?:* Die Eröffnungs-
formel ist frei erdichtet und lehnt sich an das formelhafte Ritual im »Götz« (vgl. Reclams UB Nr. 71, S.
107 f.) und in anderen Werken an. Doch auch die histo-

rischen ›heimlichen‹ Gerichte wahrten ein feierliches Zeremoniell.

5,12 *Schergen:* Gerichtsdiener, die u. a. die Strafvollstrekkung zu besorgen haben (wozu auch die Femrichter verpflichtet waren, vgl. Anm. zu 5,3).

5,13 *Vorläufer der geflügelten Heere:* Vorboten, Vorankündiger der Engel, bes. wohl der himmlischen Racheengel. Von Grimm zitiert.

5,16 *weltlicher Gerechtigkeit:* Über die Zuständigkeit von ordentlichen und von Femgerichten vgl. Anm. zu 5,3.

5,26 *auf den:* gegen den (veraltete Form). Ähnlich 8,17: wegen etwas klagen.

5,27 *setzet:* gesetzt, nehmt an (öfter bei Kleist).

5,33 *Zunge der Schlangen:* doppelzüngig, verleumderisch. Auch sprichwörtlich bei Wander belegt.

6,3 *funfzig:* die älteren Formen (auch *funfzehn* 7,6) öfter bei Kleist.

6,6 *Mücken stechen:* Von Grimm unter der Bedeutung ›andere, die von Mücken gestochen werden‹ zitiert. Ähnlich »Die Familie Schroffenstein« V. 112.

6,8–14 *Friedrich ... dem Satan an!* u. 6,26–7,3 *Es ist wahr ... Federhüten besäet:* Theobalds Anklage geht sowohl sprachlich als auch in einigen Motiven auf »Othello« von William Shakespeare (1564–1616) zurück (vgl. »Othello«, I,2–4: die Anklage von Brabantio gegen Othello wegen der Verführung seiner Tochter Desdemona). Wie Theobald klagt Brabantio, seine Tochter sei »bezaubert« worden, »ein magisch Band« halte sie gefangen, Othello habe »Höllenkunst«, »Gift und Trank«, »Hexenkünste und Quacksalbertränke«, kurz »Zauberkraft« gebraucht. Vgl. auch Othellos rechtfertigenden Hinweis auf Desdemonas Liebe: »Das ist der ganze Zauber, den ich brauchte« (I,4). Theobalds shakespearisierende Wortgewalt ist hier wohl weniger parodistisch gegen Shakespeare gerichtet, wie Corssen (S. 41 f.) vermutet, sondern dient eher der ironischen Kontrastierung (gegenüber dem Anspruch, *eine schlichte Erzählung* vorzutragen, s. 6,38). Weitere Entlehnungen aus Werken von Shakespeare vgl. Anm. zu 10,40; 14,20–29 u. 67,5–14.

6,9 *Katharine:* Neben dieser Namensform wird auch *Katharina* (21,9), *Kathrina* (18,30) und *Kathrinchen* (82,40) gebraucht.

6,10 *überliefert:* Für ›ausliefern‹ damals gebräuchlich.
   geharnischten: eigtl. ›in vollem Harnisch, in voller
   Rüstung gekleidet‹ (so 29,21 u. ö.). Hier viell. aber in
   der übertragenen Bedeutung: streitbar, kampflustig.
6,13 *Künste der schwarzen Nacht:* Die Bezeichnung
   ›schwarze Kunst‹ oder ›Nigromantie‹ (lat. necromantia)
   für Zauberei oder Magie entwickelte sich um 1500. Vgl.
   auch 22,12: *Höllenkunst.* Im Gegensatz dazu: ›weiße
   Kunst, weiße Magie‹; vgl. 6,23 f.: *Kunst des hellen Mit-
   tags.*
6,17 *von guter Hand:* aus zuverlässigen, vertrauenswürdi-
   gen Quellen.
6,20 *Einbildungen:* übersteigerte, phantastische Vorstellungen (ebenso 14,4). Daneben auch als Terminus für ›dichterische Vorstellungen‹ (so 7,13 u. ö.).
6,22 *Helmsturz:* Visier des Helms.
6,29 *Irrlichtern:* Lichterscheinungen, die in sumpfigen Ge-
   genden durch Gasentwicklung beim Fäulnisprozeß entstehen. Luther erklärte sie für ›schwebende Teufel‹, darauf geht wohl die abergläubische Vorstellung vom Um-
   gang mit dem Teufel zurück (nach Bächtold-Stäubli).
6,36 *zu Heilbronn, über dem Altar:* »Phöbus« nur: *im
   Holzschnitt.* In der Heilbronner St. Kilians-Kirche be-
   findet sich ein solcher Altar.
6,40 *dreizehn:* Neben dem Richter sollen wohl 12 Schöffen
   anwesend sein (vgl. Anm. zu 5,3). Der *vierzehnte* ist
   dann Strahl.
7,3 *Taftmänteln:* Taft: leichtes Seidengewebe.
7,5 *Zuvörderst:* zuerst (auch ›besonders, vornehmlich‹).
7,6 *funfzehn Jahre:* In der »Verlobung in St. Domingo«
   soll Toni mit 14 Jahren und 7 Wochen im heiratsfähigen
   Alter sein (vgl. SW II,172). Vgl. auch »Schroffenstein«
   V. 419 und SW II,648.
7,7 *gesund an Leib und Seele:* Diese Formulierung wurde
   des öfteren (u. a. von Röbbeling, S. 19) angeführt, um
   zu widerlegen, daß Käthchen krankhaft veranlagt sei.
7,9–11 *das heraufging ... Myrrhen:* Zitat aus dem Hohen-
   lied Salomons (3,6): »Wer ist die, die heraufgeht aus der
   Wüste wie ein gerader Rauch, wie ein Geräuch von
   Myrrhe ...«
7,11 *Myrrhen:* aromatisches Baumharz, das ebenso wie

Wacholderzweige für religiöse Räucherungen benutzt wurde. Von Grimm zitiert.

7,16 *Schmuck:* Von Grimm unter der eingeschränkten Bedeutung von ›Zierat, Schmuckstücke‹ zitiert. Das vorangestellte Standesattribut (*bürgerlichen*) und die folgende Beschreibung legen jedoch nahe, daß Schmuck hier als Kollektivum für schöne, kostbare Kleidung einschließlich Schmuckstücken aufzufassen ist.

7,21–23 *als ob der Himmel ... geboren hätte:* Solche doppelsinnigen Anspielungen finden sich mehrfach (vgl. 12,4 u. 70,32).

7,26 f. *Mühmchen ... Bäschen:* Diminutive für Muhme (wie 107,24) und Base, weibliche Seitenverwandte. Von Grimm zitiert.

7,28 *Namenstage:* Kalendertag des Heiligen, dessen Namen man führt. Der Katharinentag ist der 25. November.

7,39 *Fräulein:* unverheiratetes adliges Mädchen (ebenso 31,35 u. ö.), im Gegensatz zur bürgerlichen *Jungfrau* (13,19 u. ö.) oder ›Jungfer‹, *Jüngferlein* (10,1). Zuweilen ›Jungfrau‹ auch in allgem., nicht standesgebundener Bedeutung (39,23).

8,6 *willt:* ältere Form von ›willst‹ (ebenso 18,29 und im »Zerbrochnen Krug« V. 1660).

8,22 *Mette:* Frühgottesdienst.

8,23 *Weile:* Wohl als unbestimmte Zeitangabe oder ›Zeit der Muße‹ aufzufassen. Die naheliegende Bedeutung: bei nächtlicher ›Gelegenheit‹, nach Grimm nur im 16. Jh.

8,27 *Judaskuß:* Durch den Kuß des Jüngers Judas Ischariot wurde Jesus identifiziert und verraten (Matth. 26,48).

8,29 *das Mal:* Dies Erkennungszeichen spielt im Zusammenhang mit dem Doppeltraum eine wichtige Rolle, vgl. 46,39 u. 85,22 ff. Ebenso wird es an dieser Stelle im »Phöbus« erwähnt, woraus Kreutzer (S. 174) schließt, daß das Doppeltraummotiv schon in der Phöbus-Fassung konzipiert war. Solche Erkennungszeichen oder Indizien gebraucht Kleist sehr häufig im Zusammenhang mit Erkenntnisproblemen (u. a. im »Amphitryon«, »Krug« u. »Zweikampf«); im »Michael Kohlhaas« wird gleichfalls ein (Mutter-)Mal als Erkennungszeichen für Kohlhaas' Frau erwähnt (vgl. SW II, 96).

8,33 *wunderlicher:* das Wort hat eine große Bedeutungsspannweite; hier ›seltsam‹, mit dem gutmütig spöttelnden
Unterton von ›verschroben, kauzig, eigensinnig‹ (ebenso
14,3 u. ähnlich 12,39 *Wunderlichkeit*). Dagegen 16,11 u. ö.
einfach im Sinn von seltsam, merkwürdig, ungewöhnlich.
Wiederum anders 36,3 *Wunderlicher:* jemand, der er-
staunt, verwundert, neugierig ist.

8,35 *Heiligen Abend:* die heute nur noch für den Tag vor
Weihnachten übliche Bezeichnung ebenso im »Kohlhaas«
(vgl. SW II, 36).

8,37 *Eisenschiene:* von der Rüstung.

9,6 *ohngefähr eilf:* ungefähr elf; die älteren Schreibweisen
öfter bei Kleist (ebenso 96,13).

Troß: Schar, Truppe, von frz. ›trousse‹ abgeleitet, (vgl.
12,36 u. 77,5).

9,7 *Reisiger:* berittener Soldaten, von mhd. reisic, ›zu
Pferd gerüstet‹ (ebenso 64,6 u. öfter bei Kleist). Im Gegensatz dazu *Troß Fußvolk* (77,5 f.).

sprengte: heftig, schwungvoll ritt.

9,7 f. *Erzgepanzerte:* mit einer Rüstung aus Erz (Stahl)
bekleidet; beliebter Ausdruck bei Kleist, vgl. z. B. »in
Erz gerüstet« (SW II, 243).

9,9 *Reiherbüschen:* Federn von Reihern als Helmzier.

9,13 *treffen:* im Kampf auf ihn zu treffen (ebenso 10,6).

9,24 *Cherub:* hebr., Lichtengel; vgl. 14,11 u. Anm. zu 84,27:

9,31 ff. *wie zur Anbetung verschränkt:* Hinweise auf ein
religiös anmutendes Verhalten von Käthchen gegenüber
Strahl finden sich häufiger, vgl. 17,33 u. 18,16.

9,32 *Scheiteln:* höchste Stelle des Kopfes oder im übertragenen Sinn ›Kopf‹ überhaupt (nicht: Haartrennlinie).
Teils mask. (so 41,29), teils fem. (29,28 u. ö.) gebraucht,
entsprechend der schwankenden Genus-Bestimmung im
18. Jh. Vgl. auch Anm. zu 29,28.

9,33 *ein Blitz:* ähnlich »Prinz Friedrich von Homburg« vor
V. 322: »wie vom Blitz getroffen«.

Nebenstehende Abbildung entstammt einer Serie von 6 Stichen nach
Zeichnungen des Hannoveraner Malers und Karikaturisten J. H. Ram-
berg (1763–1840). Erschienen in: Taschenbuch zum geselligen Vergnügen.
Auf das Jahr 1831. Hrsg. von Friedrich Kind. Leipzig [1830]. Weitere
Abbildungen aus dieser Serie im folgenden. Dies sind die frühesten Buch-
illustrationen zu einem Werk von Kleist überhaupt.

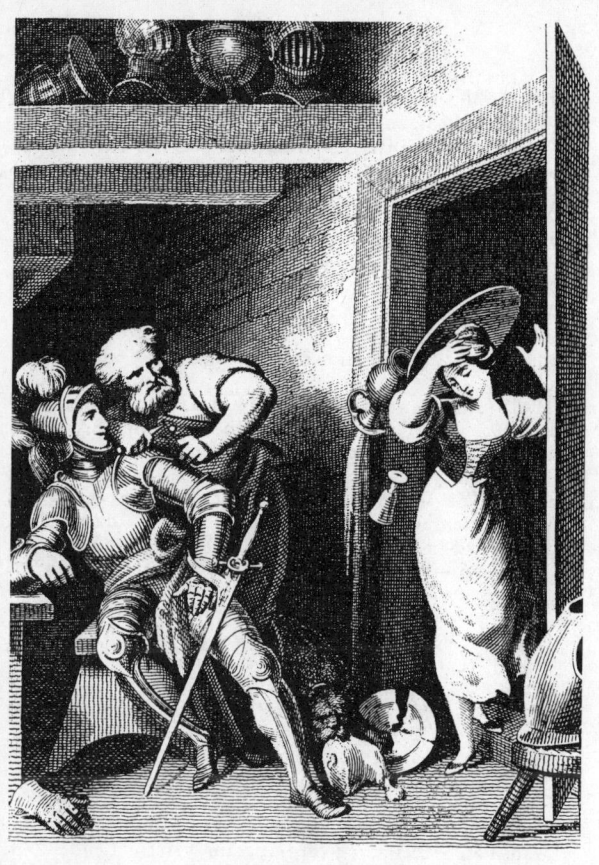

Kupferstich zum Ersten Auftritt (9,29 ff.) nach einer Zeichnung von Johann Heinrich Ramberg (1830)

9,37 *flammend:* hoch errötet; ähnlich Penthesilea beim ersten Anblick von Achill (vgl. »Penthesilea« V. 69 ff.).
   Vgl. auch Anm. zu 13,11.

9,39 *wes:* wessen, öfter bei Kleist. Ebenso *des* für ›dessen‹
   (18,33 u. ö.).

10,4 *Pfriemen:* spitze Instrumente zum Bohren.

10,7 *zersprengen:* auseinanderbrechen (*Herz* ist Subjekt).

10,8 *Brusthöhle:* Hier ist wohl der Brustkorb gemeint (von
   Grimm zitiert). Dagegen 5,14 f.: Innenraum der Brust.
   Wirbel: wie *Scheitel* höchster Punkt des Kopfes. *Vom
   Wirbel* (Scheitel) *zur Sohle:* häufige Wendung bei Kleist.

10,10 f. *der Herr ... Amen!:* stehende Segensformel. Wieso
   aber spricht ein weltlicher Ritter den kirchlichen Segen
   aus?

10,12–15 *schmeißt sich ... nieder:* Das Motiv des Fen-
   stersturzes wurde z. T. in Zusammenhang mit Käthchens
   Traumwandlerei (Somnambulismus) gebracht (vgl. dazu
   E. Schmidt, Werke, Bd. 2, S. 174). Dagegen kann es
   auch im Zusammenhang mit Kleists Aufsatz »Über das
   Marionettentheater« gesehen werden (vgl. dazu Hell-
   mann, S. 52 f., u. Grathoff, S. 154). Vgl. auch Kap. II,
   Anm. 8. Ähnliches Motiv vgl. »Schroffenstein« V. 2359 ff.

10,13 *Fuß:* früheres Längenmaß, zwischen 25 und 34 cm.

10,14 *aufgehobenen:* erhobenen.
   Pflaster: Weigand (S. 416) verweist auf Unstimmigkei-
   ten im Text: vorher wurde der *Grund zerstampft, daß
   der Staub ... emporquoll* (9,23 f.).

10,15 f. *die ihrer ... beraubt ist!:* »Phöbus«: *die nun ihres
   Lebens überdrüssig ist.*

10,16 *beide Lenden:* Gemeint sind die Oberschenkelkno-
   chen. Dieser Gebrauch von Lende (eigtl. Hüft- oder Nie-
   rengegend) nicht bei Grimm belegt.

10,24 *endlose:* »Phöbus«: *bleigeflügelte.* Ähnlich gebraucht
   Jean Paul ›Bleijahre‹ für langsam verstreichende Zeit.

10,26 *Dietrich:* Nachschlüssel. Vgl. die ähnliche Stelle:
   45,2 f.

10,40 *Pflicht, Gewohnheit und Natur:* In Shakespeares
   »Othello« (vgl. Anm. zu 6,8–14) führt Brabantio »Natur und Jugend, Vaterland und Stand« an (I,3), die
   durch die Verführung seiner Tochter verletzt worden

seien. Ebenso ist für Theobald durch Käthchens Verhalten die Gesellschafts- und besonders die Naturordnung verletzt worden: vgl. ähnliche Textstellen 14,13 ff. und 94,13 f.

11,5 *Metze:* hier (wie 80,24) könnte einfach ›Hündin‹ gemeint sein. Sonst aber stets ›leichtfertiges Weib, Hure‹ (wie 92,30). Urspr. Koseform von Mechthild; im 18. Jh. allgem. zur Bedeutung ›Hure‹ abgesunken. Vgl. ähnlich *Dirne,* Anm. zu 21,24.

11,6 *fünfdrähtig:* nach Adelung: »Doch pflegten auch die Strumpfweber die gedreheten Fäden Wolle oder Seide mit diesem Namen [Draht] zu belegen, wenigstens sind daraus die Zusammensetzungen eindrähtig, zweydrähtig, dreidrähtig entstanden.« ›Fünf-‹ hier wohl in der Bedeutung: ›alle fünf Sinne gefangen nehmend‹ (vgl. 8,16 und 10,15 f.). Einziger Beleg bei Grimm.
wie einen Tau: viell. fehlerhaft für ›einem Tau‹ (in Analogie zu *am Strahl*). Ähnliche Umstrickungsbilder finden sich häufiger, vgl. 14,33 f.; 15,25 und 19,9. Ähnlich in Goethes »Götz«: ».. . warf ich ihm ein Seil um den Hals, aus drei mächtigen Stricken, Weiber-, Fürstengunst und Schmeichelei, gedreht ...« (vgl. Reclams UB Nr. 71, S. 41).

11,12 *Dampf der Klüfte:* Nebel und Wolken in Gebirgsschluchten (vgl. auch 37,11). So auch in Goethes Gedicht »Rastlose Liebe«: ».. . Im Dampf der Klüfte, / Durch Nebeldüfte ...«

11,14 *wie ein Hund:* Dieser Vergleich wird häufig gebraucht, vgl. 24,6; 66,6; 71,38 u. ö.

11,16 *Knötlein:* erinnert an ein häufiges Märchenmotiv (die Prinzessin auf der Erbse u. a.).

11,20 *kömmt:* die umgelautete Form (nach Adelung »im gemeinen Leben«) gebraucht Kleist abwechselnd mit ›kommt‹.

11,22 *gegründet:* begründet, hat dies seine Richtigkeit.

11,30 f. *wie der Affe ... für mich:* In einer Fabel von Jean de La Fontaine (1621–95) läßt sich der Affe von der Katze die Kastanien aus dem Feuer holen (Fabeln, 9. Buch, Nr. 17). Danach sprichwörtlich geworden (Wander).

11,32 f. *wies die heilige Schrift ... nein, nein:* nach Matth. 5,37: »Eure Rede aber sei: Ja, ja; nein, nein.«

11,34 *Worms:* »Phöbus«: *Wien.* Diesen Anachronismus hat
Kleist getilgt; Wien war erst seit dem Ende des 17. Jh.s
Kaiserstadt, wenn auch vorher seit dem 15. Jh. öfter
Residenzstadt. Worms war im Mittelalter häufig Kaiser-
residenz.

11,35 *ordiniere:* in den Ritterstand erheben, damit Theobald sich zum Zweikampf (Gottesgericht) stellen kann.
Erläuternd folgt im »Phöbus« eingeschoben: *Alsdann
mag Gott der Herr kurz und bündig entscheiden.* Der
Terminus ›ordinieren‹ ist wohl im kirchlichen Kontext
gebräuchlich (Ordination = Priesterweihe), nicht aber im
Zusammenhang mit dem gerichtlichen Zweikampf belegt. Allerdings konnten nur standesgleiche Personen
(Adlige) gegeneinander antreten, so daß Kleist viell. bei
rechtshistorischen Studien auf das zweckgebundene (und
vorübergehende?) Verfahren der Standesanhebung ge-
stoßen sein mag.

11,36 *Handschuh:* als Zeichen der Herausforderung zum
Gottesgericht. Vgl. ebenso 22,17 (beide Stellen von
Grimm zitiert). Strahl will sich dadurch der kaiserlichen
Rechtsgewalt unterstellen und lehnt damit Rechtsbefug-
nisse des Femgerichts ab.

12,2 *zwölf:* »Phöbus«: *neun.*

12,4 *nicht im Traum:* doppelsinnige Anspielung, vgl. auch
7,21–23 u. 70,32.

12,13 *Meilen:* früheres Längenmaß; preußische Meile:
7,5 km.

12,17 *Euch:* Die Ihr-Anredeform wird nur in dem wieder-
gebenden Bericht von Strahl gebraucht, im direkten Gespräch mit Strahl gebraucht Käthchen die vertrauliche
Du-Anrede, vgl. 15,21; 16,17 u. ö. (Abweichungen s.
unter Anm. zu 62,8).

12,21 *erschaffen:* tun, schaffen. Die verstärkende ›er‹-Vor-
silbe gebraucht Kleist in sehr vielen Verb-Zusammenset-
zungen: *erglänzend* (7,17), *erschau* (13,22), *ersteht* (67,8)
usw. Nach Adelung sind »die mit er- zusammengesetzten
Wörter edler und anständiger«.

12,23 *ding:* veraltet für ›mieten, in Dienst nehmen‹.

12,37 *litt ich:* transitiv: duldete ich (ebenso 25,4 u. ö.).

13,3 *erzbischöflichen:* Straßburg war nur Bischofs-, nicht
Erzbischofssitz.

13,7–12 *so trete ich ... Ihr wißts ja!:* Vgl. hierzu die Parallelstelle 20,30–21,3.

13,11 *angehen:* zu brennen anfangen. Die Gebärde des Errötens (vgl. 9,37 u. ö.) und des Erbleichens (vgl. 9,31 u. ö.) findet sich sehr häufig bei Kleist – ebenso in Szenenanweisungen (vgl. 17,39; 20,16; 74,36 u. ö.).

13,12 *Ihr wißts ja!:* Vgl. die Wiederholung zum Auftakt der Holunderstrauchszene 80,33 f. Meyer-Benfey (S. 27) schließt aus beiden Stellen, daß Käthchen auf den Doppeltraum anspiele, der demzufolge schon in der Phöbus-Fassung konzipiert sein müßte (die Antwort ebenso im »Phöbus«). Dafür könnte auch Käthchens Zuversicht und Gewißheit sprechen (vgl. 17,15 f.). Vgl. dagegen jedoch Anm. zu 19,6.

Holla!: Ausruf, zum Aufmerken auffordernd (wie hier, ebenso 39,7 u. ö.) oder um Einhalt zu gebieten (so 33,17).

13,22 *meiner Väter Saal:* Raum, in dem die Bilder der Vorfahren aufgehängt sind (vgl. Anm. zu 29,21).

13,30–35 *führ ihn ... vor ihm schütze:* Vgl. hierzu die Parallelstelle 24,8–12.

14,9 f. *Mensch, entsetzlicher ... der Gedanke ermißt:* Ähnlich »Amphitryon« V. 2276 f.: »Du Mensch, – entsetzlicher, / Als mir der Atem reicht, es auszusprechen!«; »Hermannsschlacht« V. 2390: »Du Furie, gräßlicher, als Worte sagen –!« Viell. Anklang an Shakespeares »Macbeth« V,12 (in Schillers Übersetzung): »Du Bößwicht, blutiger, / Als Worte es beschreiben.«

14,11 *Cherubim:* Vgl. Anm. zu 84,27.

14,18 f. *Hekate:* Göttin der Zauberei und Hexerei in der griech. Mythologie.

14,19 *moorduftige:* nach dem Moor, als unheimlichem, von Zauberern und Hexen bevorzugtem Ort, duftend. Viell. auch: Verwesungsgeruch ausstrahlend. Von Grimm zitiert.

14,20–29 *Sproßt ... hinweg!:* Diese Passage erinnert im Duktus an Shakespeares »König Lear« (III,2): »Blast, Wind', und sprengt die Backen! Wütet! Blast! – / Ihr Katarakt' und Wolkenbrüche, speit ...«

14,22 *schoßt:* Inf. schoßen: sprießen, wachsen (von Schoß: Trieb, Steckling). Von Grimm zitiert.

14,26 *Katarakt:* Wasserfall, Stromschnelle (griech.-lat. cataracta).

14,27 *Pestqualm:* wie die Pest: Seuche, Tod und Verwesung bringender Qualm. Von Grimm zitiert.

14,33 *Opiate:* hier Rauschmittel; sonst im 18. Jh. meist opiumhaltige Schlafmittel.

Zweiter Auftritt

15,15 *Mein hoher Herr!:* Diese Anrede wird sehr häufig von Käthchen gebraucht, sie hat nahezu leitmotivischen Charakter. Vgl. 15,21; 18,39; 19,20; 62,8; 63,16; 64,23 u. ö. Vgl. bes. 46,37 (als Erkennungszeichen); 55,37 (von Theobald gebraucht) und Anm. zu 39,21. In der Wirkungsgeschichte ist die Anrede sehr häufig als signifikantes Merkmal für Käthchens Verhalten herausgestrichen worden, vgl. die Dokumente in Kap. V und ferner z. B. Nachruhm, Nr. 537b (Theodor Fontane, »Effi Briest«). Thomas Mann sprach einfach von dem »Mein-hoher-Herr-Käthchen« (vgl. Nachruhm, Nr. 500a). – Daneben redet Käthchen Strahl auch mit *mein edler Herr* (16,18), *mein verehrter Herr* (19,34), *mein hochverehrter Herr* (21,17) und *gestrenger Herr* (12,15) an.

15,20 *so wie du:* Eigtl. steht Käthchen nicht als Angeklagte, sondern als Zeugin vor Gericht. Kleist denkt hier wohl schon an die folgende Wendung in der Verhandlung (beginnend mit 17,25), als Käthchen zunehmend in die Rolle einer Angeklagten gedrängt wird (vgl. 22,18).

15,23 *in Staub:* häufig gebrauchte Wendung von Kleist, um tiefste Erniedrigung oder auch Erschütterung auszudrücken. Vgl. z. B. 18,5 (Regieanweisung) und 18,14; ebenso »Amphitryon« V. 1653 u. ö.

15,25 *wirkte:* knüpfte, webte (älterer Sprachgebrauch, bes. mundartlich erhalten). Dagegen im erweiterten Sinn: tätig sein, etwas handwerklich verrichten: 20,19.

16,10 *sie aufweckend:* Mit Zügen solcher tagträumerischen Weltvergessenheit hat Kleist mehrfach Gestalten seiner Werke ausgestattet, auch Penthesilea und bes. den Prinzen von Homburg (vgl. auch Anm. zu 19,27 u. 84,17).

16,15 *jetzo:* die ältere Form öfter bei Kleist.

16,19 *fassen:* verhalten, die Fassung finden. Häufig bei Kleist (vgl. auch 27,12; 29,35 f.; 49,30).

16,34 *ihm:* Kleist gebraucht häufig einfache Dativ- (oder
Genitiv-) Konstruktionen statt der heute üblichen Prä-
positional-Konstruktionen: ›mit ihm‹. Gelegentlich in
Anlehnung an altertümlichen Sprachgebrauch. Vgl. auch
17,20; 18,12; 62,3; 83,8 f.; 84,4; 86,13; 87,14 u. ö.

wie eure Mäntel: im »Phöbus« sagte Käthchen vorher:
Auf Purpur sitzen sie, vermummt in Schwarz. Durch
den Fortfall dieses Satzes ist der Vergleich zwischen den
Herzen und den (schwarzen) Mänteln unverständlich
geworden.

16,39 *prophetische Kunde:* göttliche Weisheit, Kenntnis. Von
den alttestamentarischen Propheten (griech., Vorhersa-
ger), die den Gotteswillen verkündeten. (Vgl. 92,23.)

16,40 *Apostel:* die neutestamentarischen Sendboten Jesu, die
seine Lehre verkündeten (griech., Bote).

17,1 *Unselige:* Die häufig gebrauchten Worte ›selig‹ bzw.
›unselig‹ haben eine große Bedeutungsspannweite. Hier
kann ›Unselige‹ einfach im Sinn von unfolgsam, unge-
horsam, gebraucht sein, oder auch im kirchlich-theologi-
schen Sinn: ›die nicht selig ist‹, die Gottlose, Lasterhafte.
›Selig‹ im theologischen Sinn für ›Seelenheil haben‹ vgl.
21,20; 21,33 u. 84,32; daneben im Sinn von ›irdischem
Glück‹ vgl. 42,24 u. 43,21 bzw. ›Unglück‹ vgl. 41,26 u.
92,32. ›Unselig‹ auch als Verwünschung: ›das Glück stö-
rend‹ vgl. 47,2 und 85,30.

17,17 *ergreift sie!:* »Phöbus«: *Die Peitsche!* Kleist hat diesen Ausruf wahrscheinlich getilgt, weil die dadurch evo-
zierte Parallele zu Strahls späterem Verhalten hier etwas
unmotiviert wirkt; vgl. 24,21 f. und Anm. zu 62,21.

17,35 *sinnlos:* wie von Sinnen. Die Bedeutungsspanne reicht
von ›irrsinnig‹ bis zu ›geistesabwesend‹, ›ohne Bewußtsein der Außenwelt‹, auch einfach ›bewußtlos‹.

18,2 *verwünschte:* weniger scharf als ›verfluchte‹ (hier wohl
nicht in der Bedeutung von ›verzaubert‹). (Auch 32,1 f.)

18,4 *darzutun:* darzustellen, darzulegen. Juristischer Terminus für ›erklären, aufklären‹ (vgl. 93,13 f.: ein Märchen erklären, enträtseln).

18,6 *fehlte:* die Pflicht verfehlte, einen moralischen Fehler
beging. Dagegen 23,27 eher: einen Irrtum beging. (Vgl.
auch 70,12 für ›verfehlen‹.)

18,22 *so frag ich sie:* Strahl – als Angeklagter – wechselt im folgenden in die Rolle des verhörenden Richters; als solchen hatte ihn Käthchen vorher angesehen, vgl. 15,17 und 16,35. (Vgl. dazu Singer, bes. S. 427–438.)

18,30 *faß:* versteh (wie ›erfassen‹ gebraucht).

19,4 *Flammenrüstungen:* In dem Bild schwingt die Vorstellung von Engeln in flammenden Rüstungen, die neben Gottes Richtstuhl stehen, mit. Einziger Beleg bei Grimm.

19,6 *ich weiß es nicht:* Diese oft zitierte Aussage unterscheidet sich deutlich von Käthchens früherer Antwort: *Ihr wißts ja!* (13,12). Streller (S. 128) betont, daß Strahl dort (13,12) nur nach Käthchens Handeln fragte, hier aber nach dem Antrieb zu dem Handeln, der ihr nicht bewußt ist.

19,8 *lügst mir:* lügst mich an; ›lügen‹ mit persönlichem Dativ damals gebräuchlich.
   Wissen: hier im juristischen Zusammenhang: Kenntnis, Erkenntnis, die gewonnen wird.

19,10 *da liegst:* Sinn wie »Phöbus«: *offen liegst.*

19,11 *erschloß:* hier für ›aufschließen‹; vgl. Anm. zu 12,21.

19,27 *im Geist:* »Phöbus«: *Im jungen Busen träumend gegenwärtig?*

19,33 *gedenkst:* erinnerst (dich).

21,1 *sich härmen:* sich sorgen, Kummer haben.

21,19 *bei meiner Treu:* stereotype Beteuerungsformel, hervorgegangen aus ›auf Treu und Glauben schwören‹. Ebenso 44,26 u. ö. Vgl. auch zahlreiche andere Beteuerungsformeln wie *bei meinem Eid* (30,23 u. ö.), *bei meiner unsterblichen Seele* (57,40) und zahlreiche Variationen der Formel *so wahr ich* ... (32,19 f.; 35,13; 61,9 u. ö.).

21,20 *verderben:* hier im theologischen Sinn: durch die Sünde die urspr. Vollkommenheit verlieren, im höchsten Grad unglücklich werden, zugrunde gehen. Nach Adelung »in der edlern Schreibart« veraltet. Im außertheologischen Kontext vgl. 70,35: sterben, zugrunde gehen.

21,24 *Dirne:* hier ›leichtfertiges Mädchen, Hure‹ (ebenso 62,10). Als wertfreie Bezeichnung für junges Mädchen viell. 92,15. (Vgl. *Metze,* Anm. zu 11,5.)

21,28 *hieß:* befahl (ebenso 23,22 u. ö.).

21,35–23,32 *(Käthchen weint.) . . . Ja, mein verehrter Herr:* diese Unterbrechung des Verhörs noch nicht im »Phöbus«.

22,9 *barbarischem:* im Gegensatz zu *menschlich* (22,2). Zu dem kontrastierenden Gebrauch der gleichen Worte im folgenden: *barbarisch, Triumph, verhöhnen, Gründe,* vgl. Singer (S. 427 ff.).

22,12 *zeiht:* bezichtigt, beschuldigt.

22,25 *mit Bedeutung:* hier ›mit Nachdruck‹.

22,29 *noch –:* zu ergänzen: hören. Im folgenden werden abgebrochene oder verkürzte Sätze (Ellipsen) bis auf wenige wichtige Ausnahmen nicht ergänzt, weil der Sinnzusammenhang gewöhnlich ohnehin aus dem Text hervorgeht oder nur spekulativ vermutet werden kann. Vgl. weitere elliptische Konstruktionen auf den Seiten 23 (mehrfach), 33–36 (mehrf.), 43, 47, 61 (mehrf.), 65, 69 (mehrf.), 79, 82–85 (mehrf.), 89, 99, 100 und 104.

23,16 *überhört:* ausgefragt, verhört. Adelung und Grimm nennen ›überhören‹ nur für ›etwas Gelerntes abfragen, abhören‹, nicht im juristischen Zusammenhang mit verhören.

23,40 *den Arm dir:* zu ergänzen: um den Leib. Im Sinn von ›umarmen‹ häufiger bei Kleist (vgl. SW II, 156 u. ö.).

24,8 *Huld:* Zuneigung, gnädige, gütige Gesinnung. Nach Adelung »noch häufig in der dichterischen Schreibart«. Ebenso: 48,34; 93,12 und 105,6.

24,16 *Ei, Possen:* Ausruf zur Kennzeichnung eines listig täuschenden Verhaltens (ebenso 33,4); meist im Sinne von ›übler Streich‹ gebraucht, vgl. 32,18 *einen Possen spielen* (stehende Redensart). Schärfer als der heutige Bedeutungsgehalt von ›lustiger Streich, Schabernack‹.

24,17 *Schelmerei:* scherzhaftes Zum-Narren-Halten. Ähnlich vorher 11,31 *Schelm* für ›Narr‹ und 48,10 *Schelmin.* Als Kosewort: ›neckischer Mensch‹ vgl. 82,17. Dagegen eher in der älteren abwertenden Bedeutung von ›listig verworfener Mensch, Betrüger, Verführer‹ vgl. 32,17 *schelmischen Angesichts.*

24,25 *Holunderbüschen:* Dies Bild zieht sich wie ein Leitmotiv durch das ganze Schauspiel; vgl. 25,4 f.; 55,14 f.; 105,21 f. und insbes. die Holunderstrauchszene IV,2.

25,12 *aberwitzge:* Adelung nennt drei Bedeutungen von
›Aberwitz‹: 1. »Die Torheit, welche aus allzu vielem
Wissen entsteht.« 2. »Die Einbildung eines großen Verstandes bei augenscheinlichem Mangel desselben.« 3.
»Die völlige Abwesenheit des Verstandes.« (Vgl. auch
93,13 *Ein Märchen, aberwitzig* und ›aberwitzige Traum-
deuterei«, SW II, 394.)

25,13 *gemeinen:* gewöhnlichen, alltäglichen.

25,24 *Kugeln:* Das Verfahren der Abstimmung mit Kugeln, das Ballotieren (von frz. ballotte, ›Bällchen‹), ist
im Zusammenhang mit gerichtlichen Abstimmungen
nicht überliefert. Jedoch benutzten geheime (bzw. später
öffentliche) Gesellschaften schwarze und weiße Stimm-
kugeln, um z. B. über die Aufnahme eines neuen Mit-
gliedes abzustimmen. Daran mag Kleist vielleicht gedacht haben, denn die Publikumswirksamkeit des literarischen Femgerichtsmotivs hängt zweifellos mit dem
zeitgenössischen Interesse an den zahlreichen Geheimge-
sellschaften im 18. Jh. zusammen.

25,30 *fürder:* weiterhin.

25,39 *das erste Chaos:* zurück in das Durcheinander vor
jeder Welt- und Naturordnung. Ähnliche Ausdrücke häufig bei Kleist; vgl. hier 94,12 ff. u. 96,30 f.

25,40 *leidge:* leidige, Leid bringende, widerwärtige (ebenso 50,38). ›Der leidige Teufel‹ oder ›Satan‹: stehende
Redensart.

26,4 *Blend:* hier: verbind (ihm die Augen).

26,33 *Mordschaunder Basiliskengeist:* »Phöbus«: *Vater-*
mördergeist (vgl. dazu auch 94,12). Der Basilisk ist ein
mythisches Fabelwesen, halb Hahn, halb Drache, dessen
stechender Blick tödliche Wirkung haben soll. Vgl. auch
»Schroffenstein« V. 2526. Ähnlich in Schillers »Maria
Stuart« (III,4): »Und du, der dem gereizten Basilisk / Den
Mordblick gab ...« Zu Wortkomposita mit ›mord-‹ bei
Kleist vgl. Anm. zu 78,30.

27,2 *schlangenhaargen Pförtner:* Offenbar hat Kleist das
Bild von den schlangenhaarigen Furien und anderen
Gestalten der griech. Mythologie auf Teufel übertragen,
die am Eingang der Hölle auf die Sünder warten. (Vgl.
Furie 94,11 u. *rasende Megäre* 31,14 f.) Von Grimm
zitiert.

27,4 *Klafter:* früheres Längenmaß, etwa 1,70 m.

Zweiter Akt. Erster Auftritt

28,7–29,40 *Nun will ich … geredet wird:* Vgl. auch die
weiteren Monologe von Strahl 80,11–81,8 und 99,7–16
sowie den des Kaisers 96,3–39. Von Braig (S. 312) und
anderen wurde mehrfach darauf hingewiesen, daß es sich
nicht um echte Monologe, sondern um berichtende –
ins Publikum gesprochene – Scheinmonologe handle.
Nach Meyer-Benfey (S. 53) soll dies der erste Monolog
in einem Werk von Kleist sein, doch finden sich mono-
logähnliche Passagen schon in »Schroffenstein« (vgl. bes.
V. 2309–30, dort ähnlich: V. 2325 f. »Daß ich einem Schä-
fer gleich / Mein Leid den Felsen klagen muß.«). Der Monolog ist sprachlich und motivisch an Idyllen-Dichtungen
von Salomon Geßner (1730–88) angelehnt, bes. an den Idyl-
len-Typus der Schäferklage. Vgl. Geßner: Idyllen. Kritische
Ausgabe. Hrsg. von E. Theodor Voss. Stuttgart 1973.
Reclams UB Nr. 9431 [5]. S. 22, 29, 58 ff., 63 ff. u.
88 f. Vgl. zu 28,15–17 z. B. aus »Idas. Mycon«:
»… und die kühlen Winde flattern da immer. Indeß
können meine Ziegen an der jähen Wand klettern und
vom Gesträuch reissen …« (S. 22). Eine weitere Entlehnung aus Geßners Idyllen vgl. unter Kap. II, Anm. 7.
Auf die distanziert-parodistische Verwendung der idylli-
schen Motivik bzw. den subtil ironischen Charakter des
gesamten Monologs haben vor allem Schwerte (S. 9)
und Grathoff (S. 155) hingewiesen. Corssen (S. 113) und
Mommsen (S. 55 f.) haben auf entfernte sprachliche
Berührungen mit Monologen bei Shakespeare hingewiesen, die jedoch abgelegen erscheinen.

28,12 *Blachfelde:* flaches Land, Ebene.

28,18 *linnenes Zeug:* Stoff aus Leinen.

28,21 *entquillen:* nach Grimm gelegentlich statt korrektem
›entquellen‹ (entfließen, entspringen) gebraucht. Mit
diesem und anderen Ausdrücken (vgl. bes. 29,12 ff.) ist
der Monolog an die Sprache der Empfindsamkeit (vgl.
28,24 f.) und der Innerlichkeit angelehnt. Der Sprachgebrauch ist hier aber wahrscheinlich zitathaft-distan-
ziert aufzufassen.

28,23 *meine Muttersprache:* Vgl. auch 59,14 f. sowie weitere Hinweise in Kap. II, Anm. 7.

28,25 *Reimschmied:* Dichter, wohl ohne den häufig abwertenden Unterton.

28,30 *Beugungen:* hier wohl als Kollektivum für Verbeugungen (und andere Haltungen) im Tanz.

28,30 f. *bezaubern:* hier: entzücken.

28,31–29,1 *und wenn die Bäume ... liebliches Märchen:* Anspielung auf den griech. Mythos von Orpheus, der durch seine Musik selbst Bäume und Felsen in Bewegung versetzt haben soll. Viell. dachte Kleist auch an »Heinrich von Ofterdingen« (1802) von Novalis (Friedrich von Hardenberg, 1772–1801): »In alten Zeiten muß die ganze Natur lebendiger und sinnvoller gewesen sein als heutzutage. [...] So sollen vor uralten Zeiten [...] Dichter gewesen sein, die durch den seltsamen Klang wunderbarer Werkzeuge das geheime Leben der Wälder, die in den Stämmen verborgenen Geister aufgeweckt [...] und selbst die totesten Steine in regelmäßige tanzende Bewegungen hingerissen haben« (2. Kap.). (Vgl. dazu auch die Untersuchung von Grathoff, S. 157 f.) Die Passage ist bei Grimm zitiert.

28,34–29,1 *Märchen:* »Phöbus«: *Täuschung.* ›Märchen‹ bei Kleist gewöhnlich in der Bedeutung von unglaubwürdige Geschichte.

29,1 *wie nenn ich dich?:* häufig von Kleist gebrauchter Ausdruck (vgl. 103,20; »Homburg« V. 1763; »Penthesilea« V. 1812 u. ö.). Auch öfter von Wieland gebraucht, z. B. in der Erzählung »Zemin und Gulindy«: »O du, zu der mein Herz / In voller Sehnsucht wallt, wie nenn ich dich?« (C. M. Wielands Sämmtliche Werke. Supplemente Bd. 2. Leipzig 1798. S. 108 f.). Zu anderen Entlehnungen aus Werken von Wieland vgl. Anm. zu 36,35 ff.; 45,4 f.; 80,28 und 94,12–14 sowie Kap. III,3. Es ist anzunehmen, daß Kleist solche sprachlichen Entlehnungen aus anderen Werken, bes. wenn sie häufiger bei ihm vorkommen, irgendwann in seinem verschollenen »Ideenmagazin« notiert hatte. Im »Käthchen« scheint dies zumal für Entlehnungen aus Werken von Shakespeare, Wieland, Schiller und Goethe zuzutreffen.

29,9 *mit Ölen gesalbte ... Perserkönigs:* ein ähnlich ausgefallener Vergleich auch im »Homburg« V. 121 f.

29,10 *niederregnend:* im Gedicht »An die Königin Luise

von Preußen«: »Wir sahn dich Anmut endlos nieder-
regnen« (SW I, 35).

29,13 *dich weinen:* Im Zuge der stark verkürzenden, in
nere Bewegung ausdrückenden Sprachgebung gebraucht
Kleist die direkte Akkusativobjekt-Konstruktion statt
der üblichen Präpositionalobjekt-Konstruktion.

Phiolen: birnen- oder kugelförmige Glasgefäße mit lan-
gem Hals.

29,21 *Rüstsaal:* Kleist denkt wohl an einen Saal, in dem
Rüstungen und die Bilder der Vorfahren zur Schau ge-
stellt wurden (vgl. 13,22 *meiner Väter Saal*). Vgl. auch
»Schroffenstein« V. 742.

29,25 *Reigen:* eigtl. Bezeichnung für einen Tanz, hier übertragen auf die stolze, ehrwürdige Reihe der Vorfahren,
die ihm gebietet, kein bürgerliches Mädchen zu heiraten.

29,25 f. *das war beschloßne Sache ... kamt:* Entlehnung
aus Schillers »Wallenstein« (»Die Piccolomini« II,7):
»... das war / Beschloßne Sache, Herr, noch eh' Sie
kamen.«

29,28 *der Scheitel des Zeus:* ähnlich »Homburg« V. 158:
»mit der Stirn des Zeus«. Gebräuchlicher Ausdruck im
18. Jh.: Scheitel (Kopf) eines Königs, der gesalbt wird
oder die Krone trägt. Zu *Scheitel* vgl. Anm. zu 9,32.

29,33 *stählerne:* vom Stahl der Rüstung umschlossene. Von
Grimm zitiert.

29,36 *vernarben:* hier wohl nicht intransitiv (wie 17,36),
sondern wie 29,37 transitiv gebraucht (einziger Beleg
bei Grimm). Im »Phöbus« folgt (statt: *denn welche
Wunde*): *denn in welchem Schmerze faßte sich nicht der
Mensch?* Ähnlich Schiller, »Wallenstein« (»Wallensteins
Tod« V,3): »Verschmerzen werd ich diesen Schlag, das
weiß ich, / Denn was verschmerzte nicht der Mensch!«

29,40 *Zunge:* Sprache. Häufig in der Bibel, hier vielleicht
in Anlehnung an die Apostelgeschichte 2,4 ff.

Gottschalk!: Hiernach endet das 1. Phöbus-Fragment mit
Gottschalks Ruf: *(aus der Ferne): He!* Das darunterge-
setzte *U.s.w.* läßt darauf schließen, daß Kleist den Vorabdruck im »Phöbus« urspr. nicht fortsetzen wollte.

Zweiter Auftritt

30,5 *Was zum Henker!:* formelhafter Fluch. Kleist gebraucht daneben zahlreiche andere Flüche und Ausrufe:
Was der Teufel! (12,9 u. ö.), *Himmel und Erde!* (60,8),
Tod und Verderben! (60,13), *Tod und Teufel!* (71,5
u. ö.), *Blitz!* (72,28), *Gift, Tod und Rache!* (91,5) usw.

30,8 f. *verhängtem:* hängen gelassenem (um dem Pferd
freien Lauf zu lassen). Häufig im 18. Jh.

30,9 *mein Seel:* häufig gebrauchter Ausruf. Vgl. auch zahlreiche andere Ausrufe: »Bei Gott«, »Gott im höchsten
Himmel«, »Ihr Götter«, »Ihr Himmlischen«, »Jesus«
usw.

Dritter Auftritt

30,23 f. *Aufgebot:* hier ›Herausforderung, Kriegserklä-
rung‹; eigtl. ›Heranziehung von Untertanen zum Kriegs-
dienst‹ (so SW II, 359).

30,24 *Fehde:* kleinere, kriegsähnliche Kämpfe zwischen Adligen, Fürsten oder Städten, bes. im späten Mittelalter
weit verbreitet (Zeit der Fehden). Häufig in Goethes
»Götz«.

30,29 *Junkers:* urspr. Sohn eines adligen Grundherrn (mhd.
juncherre), im späten Mittelalter adliger Grundherr ohne
Ritterschlag.

30,36 *griechischen Feuerfunken:* griech. Feuer, eine Pulver-
mischung, die nur schwer löschbar war und noch im frühen Mittelalter bes. in Seekriegen benutzt wurde, weil
sie auch auf dem Wasser brannte. Im 19. Jh. wurde
griech. Feuer auch bei der Aufführung von Spektakelstücken benutzt, so heißt es in einer Ankündigung von
1834: »... mit Gesängen, Gesprächen, Tänzen, Gruppie-
rungen, Tableaux, Zauberei, Verwandlungen, griechi-
schem Feuer, und überhaupt allen Spektakelen, die man
nur wünschen kann« (nach Stolze, S. 31).

31,2 *Schwabengebirge:* kein fester Begriff, vielleicht ist die
Schwäbische Alb gemeint.

31,3 *Hundsrück:* öfter bei Kleist statt ›Hunsrück‹.

31,8 *Herrschaft:* kleines Gebiet, das der obrigkeitlichen
›Herrschaft‹ eines Adligen unterstellt war. Der Name
Stauffen ist nicht näher identifizierbar.

31,9 *Vorwerker:* Von Grimm unter der Bedeutung ›ländliche Wirtschaftseinheit‹ zitiert. Eigtl. Landgüter, die außerhalb eines Adelsgutes liegen (vgl. auch »Krug« V. 380). Die unkorrekte Form ›Vorwerker‹ gelegentlich im 18. Jh.

31,10 *besagten Klausel:* Über deren Inhalt werden weder vorher noch nachher Angaben gemacht.

31,15 *Megäre:* Megaria (oder Megära): eine der drei griech. Furien, Rachegöttinnen (vgl. Anm. zu 94,11). Vgl. »Penthesilea« V. 393 und ähnlich Schiller, »Die Jungfrau von Orleans« (I,5): »Die Wölfin! Die wutschnaubende Megäre!«

Reichsritter: reichsunmittelbarer Ritter.

31,16 *auf den Hals hetzt:* Ebenso »Schroffenstein« V. 990 f.

31,18 f. *Kleopatra fand einen ... die anderen:* Die Anspielung bezieht sich wahrscheinlich nicht auf Caesar, dessen Geliebte Kleopatra (69–30 v. Chr., Königin von Ägypten) war, sondern eher auf Caesars Nachfolger Antonius, dessen Geliebte sie nach Caesars Tod wurde. Nachdem sie sich Antonius mehrere Jahre hindurch zu Willen gemacht hatte, trieb sie ihn schließlich durch eine Täuschung zum Selbstmord. Danach versagten ihre Verführungskünste bei Octavian, dem späteren Kaiser Augustus, der sie als Gefangene nach Rom führen wollte. Zuvor tötete sie sich durch den Biß einer Natter.

31,19 *zerschellt:* zerschlagen.

schauten: viell. im Sinne von ›aufschauen, stutzen‹; oder Lesefehler für ›scheuten‹ (zurückscheuen).

31,20 *eine Ribbe weniger:* Kleist gebraucht abwechselnd ›Rippe‹ und die alte Form ›Ribbe‹, die bis ins 18. Jh. gebräuchlich war. Nach 1. Mose 2, 22 wurde Eva aus einer Rippe von Adam geschaffen, danach hier: Männer, die eine Rippe weniger haben.

31,35 *vermöchten:* veranlaßten, bewegten.

31,39 *die Pocken kriegte!:* so daß ihr Gesicht durch Pokkennarben entstellt werde. Von Grimm zitiert. Bei Wander als Verwünschungsformel belegt.

31,40 *Nachttau:* offenbar soll der Nachttau eine schädliche Wirkung auf die Schönheit haben; vgl. dagegen 32,3 *Märzschnee.* Von Grimm zitiert.

auffassen: schöpfen oder auffangen.

32,3 *Märzschnee:* nach Bächtold-Stäubli und Grimm wurde
der Märzschnee als Schönheitsmittel für die Hautpflege
angesehen und benutzt. Von Grimm zitiert. Vgl. auch
101,9 f.

32,8 f. *Feste des Himmels:* das Firmament, der sichtbare
Himmel (so auch 1. Mose 1,14).

32,10 *angesehen:* gesehen, zu sehen sind.

32,11 *Rache kochen:* gebräuchlicher Ausdruck: ›auf Rache
sinnen‹.

32,18 f. *es ... tragen sollte:* ihr Angesicht ewig verhüllt
oder versteckt (*in einer Scheide,* Hülle) tragen muß. Wohl
kaum eine zotenhafte Anspielung, wie Weigand (S. 417)
vermutet.

32,23 *Köhlerhütte:* Zu den Köhlerszenen (II,4–8) vgl. Kap.
III,1.

Vierter Auftritt

32,29 *Kreide:* die sog. ›weiße Schminke‹ wurde aus Kreide
hergestellt, die ›rote Schminke‹ aus Zinnober (vgl. Anm.
zu 97,22).

Fünfter Auftritt

33,21 *den Szepter:* Zepter, verzierter Stab als Zeichen der
Macht oder Herrschaft. Die mask. Form damals neben
der neutr. Form gebräuchlich.

33,28 *Schmeißt:* mundartlich für ›schlagt‹ (ebenso 66,6).
Von Grimm zitiert. Sonst ›schmeißen‹ für ›werfen‹ (so
10,12).

33,31 f. *der größeste:* viell. ist entsprechend 33,29 f. ›Spitz-
bube‹ zu ergänzen. Als Sprichwort nicht belegt.

34,3 f. *Jerusalem:* Anspielung auf die Kreuzzüge, in der
Zeitangabe jedoch unpassend (vgl. Anm. zu 3,34).

34,13 *Weibsen:* mundartlich für Frau; zusammengezogen
aus ›Weib(e)sname‹.

34,19 *Schloßen:* Hagelkörner; Sing. Schloße von mhd.
slôz(e). Von Grimm zitiert. Vgl. »Krug« V. 1010: »Schlo-
ßenregen«.

34,28 *Lungenodem:* Atem. Wohl in Anlehnung an Redens-
arten wie ›Spar dir deinen Atem‹ hier: ›darum braucht
ihr nicht zu bitten‹, ›das ist doch selbstverständlich‹.

34,32 f. *Des Kaisers ... heulten:* »Phöbus«: »Ihr Herrn, das würd' ich des Kaisers Hund nicht abgeschlagen haben.« Ähnlich Shakespeare, »König Lear« (IV,7): »Meines Feindes Hund, / Und hätt' er mich gebissen, durft' in jener Nacht / An meinem Feuer stehn.«

34,35 *sag ich:* Verstärkungsformel, meist Unwillen oder Ungeduld ausdrückend (vgl. 37,26 u. ö.).

34,38 *Hütten:* mundartlich statt ›Hütte‹.

35,1 *Flachskopf:* mit blonden Haaren; von der hellen Farbe des Flachses. Sprichwörtlich für einen jungen Knaben. Vgl. 38,18 *flachsköpfiger.*

35,4 *Knebel:* allgem. für Fessel (nicht Mundknebel). Ebenso 40,10 und 37,34: *geknebelt* für gefesselt.

Sechster Auftritt

35,16 *morgende:* nächste, folgende. Adjektivischer Gebrauch des Adverbs ›morgen‹. Von Grimm zitiert.

35,20 *Fabel:* hier wohl ›wunderbare, überall gerühmte Geschichte‹. Kleist gebraucht das Wort sonst gelegentlich für ›lügenhafte Erdichtung‹ (»Krug« V. 1336 u. SW II,132).

35,24 *Thalestris:* Nach Hederich (Kleists Quelle für die »Penthesilea«) war sie eine sagenhafte Königin der Amazonen. Hederich erwähnt unter dem Stichwort »Amazonen« zwar ihren Besuch bei Alexander dem Großen, nicht aber die Bitte um den Kuß, also Kinder zu zeugen. Zu diesem Zweck soll sie 330 v. Chr. mit 300 Amazonen zu dem Heer Alexanders gekommen sein (nach Pauly-Wissowa), wovon mehrere antike Schriftsteller berichten. Kleist wird somit außer Hederich auch andere Quellen benutzt haben.

35,28–34 *Wo fingst du sie? ... auf und davon:* Das Motiv des sog. ›Weiberraubs‹ findet sich häufig in zeitgenössischen Ritterdramen und -romanen.

36,2 *Anstalten:* Unternehmungen, Vorkehrungen.

36,3 f. *Honig von Hybla:* sizilischer Honig; bei Virgil und Ovid erwähnt. *Hybla:* Berg in Sizilien.

36,6 *Fußgestell:* Podest für eine Statue o. ä.
prangen: nach Grimm »durch Glanzentfaltung, Schönheit, Schmuck usw. sich auszeichnen und in die Augen

fallen«. Aber auch: sich großsprecherisch, überheblich zur Schau stellen.

36,13 f. *Der Mensch ... kein Gefühl:* Entlehnung aus Schillers »Fiesco« (I,12): »Haben Sie Lust, junger Mensch, Ihr Herz in eine Pfütze zu werfen?«

36,19 *Erfindung:* Einfall, Idee. Sonst von Kleist gelegentlich für ›Konzeption, Plan, Anlage eines Kunstwerks‹ gebraucht (vgl. Kap. IV, Brief an Marie von Kleist, Sommer 1811).

36,21 *Aussatz:* ansteckende Hautkrankheit.

36,35 ff. *Platon ... Diogenes ...:* Von dem griech. Philosophen und Wanderlehrer Diogenes von Sinope (gest. 323 v. Chr.) sind zahlreiche Anekdoten überliefert; eine davon erzählte Kleist später in den »Abendblättern« (vgl. SW II,284 f.). Die hier vorliegende Anekdote berichtete Diogenes Laertios (»Leben und Meinungen berühmter Männer«). Ihrzufolge soll Platon (427–347 v. Chr.) den Satz aufgestellt haben: »Der Mensch ist ein zweibeiniges ungeflügeltes Tier«, den Diogenes verspottet haben soll, indem er einen gerupften Hahn vorzeigte und sagte: »Das ist Platons Mensch.« Röbbeling (S. 87) vermutet, daß Kleist zu der Anekdote durch Wielands Märchendichtung »Sixt und Klärchen« angeregt sein könnte, worin Wieland unter Hinweis auf »Diogen's berühmtes Lagerfaß« die Definition von den »zweigebeinten federlosen Thieren« anführt. (Zu »Sixt und Klärchen« vgl. auch Kap. III,3.)

36,39 *zweibeiniges:* neben der üblichen Form ›zweibeiniges‹ auch Belege für diese Form bei Grimm.

Siebenter Auftritt

37,19 *Bedienung:* hier: die Dienerschaft.

37,24 f. *Gastwirt zum blauen Himmel:* unter freiem Himmel. Von Grimm zitiert.

37,32 *Wirtschaft:* Nach Adelung: »Im gemeinen Leben ist Wirthschaft oft die Handhabung eines jeden Geschäftes, aber gemeiniglich nur im verächtlichen Verstande, von einer verworrenen, schlechten Handhabung desselben.«

38,24 *zu Fischen würdet:* schweigen würdet (sprichwörtlich): ›stumm wie ein Fisch‹. Vgl. auch SW II,365: »Stillschweigen, einem Fisch gleich.«

38,40 *Kauze:* lichtscheues Gesindel (in Anlehnung an den Nachtvogel Kauz). Kleist gebraucht die weit verbreitete nicht umgelautete Form statt ›Käuze‹.
Beelzebubs-Ritter: Beelzebub: Teufel, von hebr. ›Baal-Sebub‹ (Fliegenherr).

39,1 *Ordensmantel die Nacht:* Erinnert an Shakespeares »Heinrich IV.« (1. Teil, I,2): »... so laß uns, die wir Ritter vom Orden der Nacht sind, nicht Diebe unter den Horden des Tages heißen ...« Von Grimm zitiert.

39,1 f. *auf der Landstraße ... getraut:* Phöbus: *Treppe.* Statt ordentlich in der Kirche. Vgl. auch 40,9 f. Von Grimm zitiert.

39,4 *Hülfe:* bis ins 19. Jh. neben ›Hilfe‹ gebräuchlich.

Achter Auftritt

39,21 *Mein Retter!:* »Phöbus«: *Mein hoher und verehrter Herr!* Diese Anrede verstärkt im »Phöbus« die Parallelität zwischen Kunigunde und Käthchen. (Vgl. Anm. zu 15,15.)

39,22 *geschmähten:* verächtlich behandelten, erniedrigten, entehrten. (Vgl. auch *Schmach* 43,20 u. 92,34.)

39,35 *du:* Hier erfolgt der Wechsel in abwertende Anrede.

40,7 *sagst:* nennst (ebenso 94,29).
Bube: Schurke (ebenso 40,37; vgl. auch 57,36 *die Bübin*). Einfach für ›Knabe‹ vgl. 68,9.

40,26 *Rasender:* wie von Sinnen, vernunftlos Handelnder. Sehr häufig von Kleist gebraucht; vgl. Anm. zu 93,23.

40,27 *dein Wappen schänden:* den Namen deines Hauses, Geschlechtes entehren.

41,2 *Schmeißt:* werft oder schlagt (wie 33,28). Vgl. »Kohlhaas«: »... schmeißt den Mordwüterich doch gleich zu Boden ...« (SW II,63).

41,8 *Afterbräutigam:* die Vorsilbe ›after-‹ hier in der Bedeutung von ›falsch, unecht‹.

41,12 *Er stürzt, er wankt, er fällt!:* ähnliche Ausdrücke häufig bei Kleist, vgl. 69,5 f. sowie »Homburg« V. 511 u. ö. Im »Phöbus« auseinandergezogen: *Getroffen ist er – / Wankt – / Und bleicht – / Und fällt – / Gleich einer Eiche schmetternd fällt er um.* Zum häufigen Bild der umstürzenden Eiche vgl. SW II,678; »Schroffenstein« V. 961 ff. und »Penthesilea« V. 3041 ff.

41,15 *Fort! Entflieht!:* »Phöbus«: *Gott hat gerichtet! Fort!*
Entflieht! Die Stelle hat Kleist zu Recht getilgt, weil dieser Zweikampf nichts mit dem Gottesgericht zu tun hat.
Ähnlich Schillers Ballade »Der Gang nach dem Eisenhammer«: »Gott selbst im Himmel hat gerichtet.« (Vgl.
auch Anm. zu. 74,21.)

41,24 *Höllenfuchs:* Von Grimm zitiert »als Schelte für einen bösartig-listigen Menschen«.

41,26 *galt:* bedeutete.

41,34 *Greift an!:* hier: faßt mit an.

42,37 *aus dem Regen in die Traufe:* sprichwörtlich; ver-
einzelt im 18. Jh., verbreitet im 19. Jh. ›Traufe‹: Erguß
von Regenwasser (z. B. von einem Dach herunterstür-
zend). Vgl. auch andere sprichwörtliche Ausdrücke: 23,6;
31,16 ff.; 58,16 ff.; 78,11.

43,10 f. *das Gefühl ... nicht stören:* Wendungen dieser Art
gebraucht Kleist sehr häufig, im Unterschied zu seinen
anderen Werken hier jedoch stets heuchlerisch-verstellend;
vgl. auch 49,2 ff.; 50,39 f. und 51,24 f.

Neunter Auftritt

Dieser Auftritt mit Brigittes Erzählung des Silvesternachttraums ist noch nicht im Phöbus-Fragment enthalten. Die
dort folgenden Szenen vgl. in Kap. II.

44,7 *romantischen:* außergewöhnlichen, sehr schönen (ver-
spielt, phantastisch); (nicht als Epochen-Bezeichnung).

44,7 f. *Anzuge:* Kollektivum für die gesamte Kleidung.

44,8 *Toilette:* Schmink-, Ankleidetisch (ebenso 98,3 u. ö.).

44,13 *Geschwätz:* Plauderei, Erzählung; anders 45,22: un-
sinniges Gerede, Faselei, Gerücht (ähnlich *schwatzt:*
84,6).

44,19 *fremd:* hier ›nicht verwandt‹.

44,27 *ist aus:* ist ausgegangen, ist erfüllt. So auch Goethes
»Götz«: »... nun ist mein Traum aus« (Reclams UB
Nr. 71, S. 31).

44,30 *bündig:* kurzgefaßt, wie ›kurz und bündig‹ (so
17,23); eigtl. ›verbindlich, überzeugend, treffend‹.

45,4 *scheide ... von hinnen:* aus dieser Welt scheiden, sterben.

45,4 f. *das Mädchen ... nicht vorhanden:* Röbbeling (S.

84 f.) erinnert an ähnliche Stellen in Werken von Wieland, besonders an die Erzählung »Zemin und Gulindy«: »Ist in der Schöpfung ganzem Umkreis denn / Kein Herz, das mir entgegen schlägt, und mich / So lieben könnte, wie ich's lieben wollte?« (Angaben unter Anm. zu 29,1; hier S. 99 f.)

45,8 *Drei ... Nächte:* Der Quellenhinweis von Röbbeling (S. 86) auf Wielands Märchendichtung »Sixt und Klärchen« überzeugt nicht, weil dort zwei Liebende »Drey Nächte nacheinander ... den gleichen Traum« träumten, hier aber nur von einer Traumnacht die Rede ist. Dagegen könnte Kleist durch G. H. Schuberts »Ahndungen einer allgemeinen Geschichte des Lebens« (vgl. dazu Kap. III,3) angeregt sein, worin ausführlich die »drei Tage« andauernden Zustände des Scheintods behandelt werden (Leipzig 1807. T. 2, Bd. 1. S. 52 ff.). Vgl. dazu weiter Anm. zu 45,32–46,5.

45,18 *Silvesternacht:* Sie gilt neben anderen besonderen Nächten im Aberglauben als günstiger Zeitpunkt, um etwas über die Zukunft zu erfahren, zumal über den künftigen Geliebten oder Ehepartner. Dazu wurden eine ganze Reihe von abergläubischen Gebräuchen (u. a. das Bleigießen, vgl. Anm. zu 83,8) gehandhabt (nach Bächtold-Stäubli).

45,32–46,5 *streckt alle Glieder ... wie tot:* Medizinische Berichte über »die Erstarrung und die tiefe Ohnmacht« von »Scheintodten« gibt Schubert in seiner Schrift »Ahndungen ...« (vgl. Angaben unter Anm. zu 45,8); er berichtet auch über »Fieberkranke, denen man hernach nicht ausreden konnte, daß sie todt und in einer andern Welt gewesen wären« (ebenda T. 2, Bd. 1, S. 17). Vgl. weiter Kap. III,3.

46,3 *Gerüchen:* Geruchstoffen; ähnlich »Kohlhaas«: »mit Essenzen und Irritanzen« (vgl. SW II,39).
reizt' ihn: Tieck verbessert wohl unnötig in »ritzt' ihn«; ›reizen‹ so auch in »Schroffenstein« V. 845.

46,9 f. *Ach! ... verschwunden!:* Vgl. die Parallelstelle 85,30 f.

46,18 *bessert sich:* reflexives ›sich bessern‹ für ›gesunden‹ gebräuchlich.

46,22 *Balsam:* linderndes Heilmittel.

46,26–47,4 *wie der Engel ... verschwunden sei:* Diese
Passage ist sprachlich und motivisch volkstümlichen Mär-
chenerzählungen angeglichen (*die alte Brigitte*, 44,9 –
hier als Märchenerzählerin). Vgl. dazu die Parallelstelle
83,39–85,34; dort aber nicht *mein hoher Herr* (46,37),
sondern *mein hochverehrter Herr* (85,18).

46,32 *Mariane:* frz. Schreibweise von ›Marianne‹ (ebenso
in der »Verlobung«). Käthchens Magd, vgl. 83,1 u. ö.

46,34 *Purpur:* als Bezeichnung für die hochrote Farbe der
Wangen gebräuchlich. Von Grimm zitiert.

46,39 *ein Mal:* Vgl. Anm. zu 8,29.

47,9 *Strahlburg:* ebenso 55,14 u. ö. Sonst schreibt Kleist
Schloß Wetterstrahl (28,13 u. ö.). Zu den Rückschlüssen
auf die historische »Strahlenburg« vgl. Anm. zu 3,34.

Zehnter Auftritt

47,26 *Einschlag:* Umschlag, Kuvert (ebenso 65,20).

47,28 *Leimrute:* mit Leim bestrichene Rute zum Vogel-
fang (47,35 ff. von Grimm zitiert). Ähnlich in Goethes
»Götz«: »Wollt ihr mich zur Leimstange brauchen?«
(Reclams UB Nr. 71, S. 39).

47,32 *Fittich:* nach Grimm »edler und feierlicher« als Flügel. Vgl. ›Fittich‹ des Engels, 53,15.

Zwölfter Auftritt

49,1 *besorgtet:* umsorgtet.

49,40 *denkt:* beabsichtigt, wollt (ebenso 66,11).

50,2 *die Tanten:* »Phöbus«: *die Guten.* Diese Änderung
läßt viell. darauf schließen, daß die *Tanten von Thurneck* (vgl. III,11) erst in der Buchausgabe eingefügt wurden.

50,7 *erlauchte:* veralteter, selten gebräuchlicher Titel für
adlige Personen; gleichbedeutend mit ›durchlauchtigt‹;
eigtl. ›erleuchtet, berühmt‹.

51,2 *neunzig Jahre:* »Phöbus«: *Sarahs Alter* (127 Jahre
nach 1. Mose 23,1).

51,5 f. *ganzen Familie:* Den Unterschied zwischen dem
feudal-adligen und dem bürgerlichen Eigentumsbegriff
(vgl. *veräußern* 51,7) behandelte Adam Müller (1779

Kupferstich zum Zweiten Akt, Neunter Auftritt (46,26 ff.)
nach einer Zeichnung von Johann Heinrich Ramberg (1830)

bis 1829) ausführlich in den »Elementen der Staatskunst«
(1808). Vgl. dazu Grathoff (S. 162 ff.).

51,9 *Wetzlar:* Das Reichskammergericht (1495 eingerichtet)
wurde erst 1693 nach Wetzlar verlegt.

51,10 *Versichert Euch:* Seid versichert!, Ihr könnt sicher
sein.

51,19 *unbesonnes:* zusammengezogen aus ›unbesonnenes‹,
um das Versmaß zu halten.

Dreizehnter Auftritt

52,19–22 *Sie ist ... ja!:* Auch diese Erwähnung des Silvesternachttraums fehlt im »Phöbus«. Nach Sembdner ist
es »nicht ganz ersichtlich, warum Kleist diese Erwähnung später in die Exposition mit hineinnimmt, zumal
Strahl den Traum im weiteren Verlauf anscheinend völlig wieder vergessen hat« (SW I,961).

52,19 *sächsschen Kaiser:* Von 919 bis 1024 waren Heinrich I., Otto I., II. und III. sowie Heinrich II. aus der
sächsischen Dynastie deutsche Kaiser.

52,22 *bergen:* verbergen (ebenso 90,18 u. ö.).

Dritter Akt. Erster Auftritt

53,13 *Kreuzweg:* Kreuzung oder Gabelung eines Weges.

53,25 *Israel:* das Volk Israel.

53,26 *David:* Israels König (um 1004 bis 964 v. Chr.), galt
als hervorragender Psalmendichter; ihm wurden später 73
Psalmen zugeschrieben.
Psalter: urspr. ein Saiteninstrument, dann Bezeichnung
für die Sammlung der Psalmen in der Bibel. Kleist gebraucht das Wort hier für Psalmen (Lieder).

53,33 f. *Augustinermönche:* Augustiner: Bezeichnung für
zahlreiche Klostergenossenschaften, die nach der sog. ›Au-
gustinerregel‹ leben. Vgl. Anm. zu 59,31.

54,15 *Pfühl:* Ruhekissen (›einen Stein zum Pfühl haben‹
nach Grimm mehrfach bei Schiller).

54,22 *blüht:* in dieser übertragenen Bedeutung nicht bei
Grimm belegt.

54,28 *Prior:* Abt, Vorsteher eines Klosters.

54,36 f. *ins Werk zu richten:* bewerkstelligt, getan, erledigt
werden muß.

55,1 *Ursulinerinnen:* nach der heiligen Ursula benannte (Nonnen-)Klostergenossenschaft.

55,4 *Abgezogenheit:* Zurückgezogenheit.

55,17 *Gauen:* veralteter Plural für ›Gaue‹, Landstriche oder Bezirke (wie »Schroffenstein« V. 990).

56,5 *vernichtest:* häufig von Kleist gebrauchter Ausdruck, um tiefste Erschütterung anzudeuten (vgl. 73,26 u. ö.).

56,6 *kreuzweis, wie Messer:* Vgl. ähnlich SW II,841 »wie zwei Schwerter, kreuzweis durch unsere ... Interessen gelegt«. Auch »Phöbus«: »mit kreuzweis auf die Brust gelegten Händen« (ebenso SW II,102 u. 221).

56,10 *Ellen:* früheres Längenmaß, zwischen 50 und 80 cm.

56,25 *besinnt:* hier wohl verkürzt für ›eines anderen‹; überlegt es sich anders.

Zweiter Auftritt

57,1 *Kundschaft:* erkundeter Nachricht.
Thurneck: Burg Thurneck (ebenso 63,14 u. ö.).

57,5 *Halten zu Gnaden:* formelhafte, untertänige Wendung für ›nehmen Sie es gnädig auf, verzeihen Sie‹. Nach Grimm erst im 17. u. 18. Jh. entstanden. In der floskelhaften Wiederholung (57,10 ff.) hier ironisch gebraucht.

57,28–31 *den Stachel ... aufbewahren!:* Vgl. ein ähnliches Bild im »Amphitryon« V. 1952 ff.

57,30 *Erzbuhlerin:* abwertend: Erzhure. Einziger Beleg bei Grimm. Vgl. auch 96,33 *Buhlerin* u. Anm. zu 91,21.
Gebälke: eigtl. das Balkenwerk eines Gebäudes (so 70,34); hier nach den Balken des Dachstuhls: Dachboden.

58,2 *Kriegsrüstung:* eigtl. Kriegsvorbereitung (Zusammenstellung von Waffen usw.); hier: das für den Krieg aufgestellte Heer.

58,5 *mit ihrer Hand:* formelhafte Wendung: die Hand zur Ehe geben.

58,9 *hellerweise:* Heller: kleine Münze, seit dem 18. Jh. Inbegriff der kleinsten möglichen Bargeldmenge. Von Grimm zitiert.

Dritter Auftritt

58,15 *Ruf:* Gerücht (wie 58,5), verbreitete Kunde.

58,16–18 *Ozean der Liebe ... Hafen der Ehe:* sprichwört-

lich überliefert ist nur das zweite Bild: in den Hafen der
Ehe einlaufen (Wander), danach ist das erste gebildet.
Von Grimm zitiert.

58,22 *Mit dürren Worten:* formelhaft für ›offen gesagt‹.

58,24 *Ehepakten:* Vertrag zwischen Ehegatten zur Rege-
lung der Eigentumsverhältnisse.

59,8 *wenn die Glocke geht:* wenn die Hochzeitsglocken läuten (umgangssprachlich).

59,18 *Fratzen:* nach Adelung »im gemeinen Leben« eine
abenteuerliche Erzählung.

59,19 *Schillertaft:* schillernder, in mehreren Farben schim-
mernder Taft.
Farben spielt: der transitive Gebrauch im 18. Jh. häufig.
Von Grimm zitiert.

59,21 *ihre Zauberei:* Bes. hierdurch erinnert Kunigunde an
die Figur der Adelheid in Goethes »Götz«. Vgl. Reclams
UB Nr. 71, S. 51: »Zauberin!« (Vgl. weiter auch Kap.
III,1.)

59,23 *Narrenseil:* Seil, woran man früher den Narren band,
danach die Redensart ›jmd. am Narrenseil führen, ihn
zum Narren machen oder halten‹ (viele Varianten bei
Wander und Grimm).

Vierter Auftritt

59,29 *Kollett:* kurzes, enges Wams; seit dem 16. Jh. Tracht
höfischer Bediensteter.

59,31 *Dominikanerprior:* Unstimmigkeit im Text, da vorher (III,1) von *Augustinermönchen* (53,33 f.) die Rede
war. Dominikaner: Prediger- und Bettelorden.

59,32 *Glock sieben:* nddt. Bezeichnung für 7 Uhr (vgl. auch
65,6). Öfter bei Kleist, z. B. »Krug« V. 222.

59,33 *Absolution:* Sündenvergebung.

59,34 *Haushofmeister:* Verwalter, Aufseher über das Per-
sonal.

59,36 *Kriegshaufen:* Truppe von Soldaten (des nicht regu-
lären Militärs). In den Wörterbüchern des 18. Jh.s nicht
belegt. Mehrfach im »Kohlhaas«.

60,16 *Auf der Mühle:* auf dem Gelände der Mühle.
Sturzbach: schnell fließender, herabstürzender Gebirgs-
bach (ebenso 64,40). Von Grimm zitiert.

Sechster Auftritt

62,8 *Euch:* hier wechselt Käthchen in die Ihr-Anrede (ebenso 62,13 f.); ab 63,5 dann wieder die vertrauliche Du-Anrede (vgl. auch Anm. zu 12,17).

bedeuten: erklären.

62,18 *Augenblicks:* augenblicklich, sofort. Gebräuchliches Adverb, nach dem Genitiv von ›Augenblick‹ gebildet.

62,21 *Die Peitsche her!:* das Motiv findet sich häufiger bei Kleist, vgl. »Findling«: »... nahm er ... die Peitsche von der Wand, öffnete ihm die Tür und zeigte ihm den Weg ...« (SW II,213). Ähnlich auch im »Zweikampf«, SW II,237 u. ö. Vgl. hier 24,21 f. und Anm. zu 17,17 sowie weiter 66,2 ff.; 75,37 und 80,38.

62,22 *losen:* sittenlosen, verdorbenen (ahd. u. mhd. ›lôs‹ schon im ethischen Sinn: der Tugend ledig).

63,1 *fern:* entfern; die verkürzte Form öfter bei Kleist.

63,20 ff.: Das Motiv der Briefverwechslung findet sich gelegentlich auch in Ritterdramen, ist aber nicht typisch für das Ritterdrama.

63,22 *Klause:* eigtl. ein schwer zugängliches, abgelegenes Gebäude (vgl. *Einsiedelei* 53,2), im übertragenen Sinn auch für ›Kloster‹. Daneben einfach ›Kammer, Raum‹ (86,6).

64,14 *die Flamme zuckt:* wohl als Auftrag gemeint, die Burg in Brand zu stecken (vgl. III,7–8: die Burg brennt, bevor der Rheingraf eindringt).

64,15 *münz ich es:* hab ich es abgesehen (nach der Redensart ›etwas auf jmd. münzen‹: jmd. mit ironischen Bemerkungen aufs Korn nehmen). (Ebenso SW II,277.)

64,21 *fandst:* hier wohl im Sinn von ab- oder einschätzen; vgl. 64,23: *Auf sechzig Mann.*

64,36 *ein dreitausend Schritt:* die Sing.-Form hier für das Längenmaß ›Schritt‹, danach der unbest. Artikel im Sing. Unterschiedlich von Kleist gebraucht, vgl. 7,2 *auf dreihundert Schritte*; 56,34 *auf dreihundert Schritt.*

64,39 *Föhrengrunde:* tiefliegendes Gelände, mit Kiefern (Föhren) bewachsen.

64,40 *sich die Brücke baut:* Grimm zitiert denselben Gebrauch von ›sich bauen‹ bei Schiller: »Ach zu dem entfernten Strande baut sich keiner Brücke Steg.« Vgl. auch 105,23 *sich ... auferbaun.*

65,36 *Schürze:* in der Buchausgabe *Schärpe;* dort auf der
letzten Seite die Korrektur: »lies ›Schürze‹ statt ›Schärpe‹.« Nach Sembdner eine »seltsame Verbesserung, zumal im übrigen wesentliche Fehler nicht korrigiert wurden« (SW I,941).

66,11 *heim:* verkürzt für ›heimzukehren‹.

66,16 *er:* Nur an dieser Stelle gebraucht Strahl die junker-
lich geringschätzige Er-Anrede gegenüber Untergebenen.
Bis zum Aufkommen der Pluralanrede ›Sie‹ galt die Er-
Anrede urspr. als höflich. Sonst gebraucht Strahl stets die
Du-Anrede. (Vgl. auch Gottschalk 79,38.)

66,28 *Ist das nicht Sturm?:* läuten die Glocken nicht das
Sturmsignal (vgl. 67,2 *Sturmgeläute*). Sturm: Angriff
(hier auf eine Burg), vgl. 76,4 u. ö.

66,32 *beim Lebendgen:* Ausruf, verkürzt für ›beim leben-
d(i)gen Gott‹ (so 16,32 und 73,24). (Nach 5. Mose 5,26
und anderen Bibelstellen.)

Siebenter Auftritt

67,5–14 *Feuer! ... Feuer!:* Der Ruf des Nachtwächters erinnert sprachlich an den Weckruf von Macduff in Shakespeares »Macbeth« (II,8). Vgl. in Schillers Übersetzung z. B.: »Werft diesen pflaumenweichen Schlaf von
euch ...«

67,6 *Fleckens:* hier ›Ort, Ansiedlung‹ (auch öfter im »Kohlhaas«, z. B. SW II,40).

67,9 *auf Socken:* ähnlich »Penthesilea« V. 2064: »Und still
und heimlich, wie auf wollnen Sohlen.«

Neunter Auftritt

68,8 *rettet:* hier absolut gebraucht: ist mit Retten beschäftigt (ebenso 69,17).

Eilfter Auftritt

68,28 *gespießt:* hier als übersteigert-komische Befürchtung:
am Spieß hingerichtet oder gebraten zu werden.

Zwölfter Auftritt

69,13 *jüngst:* vor kurzem.
69,37 *gilt:* bedeutet.
70,2 *schaff:* besorg es, schaff es herbei (ebenso 72,9).
70,9 *Altan:* balkonartiger Überbau.
70,12 *fehlst:* Vgl. Anm. zu 18,6.
  ist dringend: drängt.

Dreizehnter Auftritt

70,18 *ein Beutel Gold:* Das Motiv ist dem »Lied vom braven Manne« von Gottfried August Bürger (1747–94) entlehnt: »Was hielt des Grafen Hand empor? / Ein Beutel
war es, voll und straff. – / ›Zweihundert Pistolen sind
zugesagt / Dem, welcher die Rettung der Armen wagt.‹«
(vgl. G. A. Bürger: Gedichte. Ausgewählt und mit einem
Nachwort von Jost Hermand. Reclams UB Nr. 227. S.
31). Weitere Entlehnungen aus Werken von Bürger vgl.
Anm. zu 78,19 f. und 89,23 sowie Kap. III,2.
70,22 *Karl Böttiger:* Der Name könnte mit Blick auf Karl
August Böttiger (1760–1835) gewählt sein (vgl. Kap. III).
70,27 *glüht Euch an:* überkommt Euch. Ähnlich gebraucht
Jean Paul häufiger ›anglühen‹: ›ein Erlebnis glüht das
Herz an‹ (nach Grimm).
70,32 *des Kaisers Tochter:* Röbbeling (S. 53) hat auf die
ironische Doppelsinnigkeit des Ausdrucks hingewiesen.
Vgl. auch 7,21–23 und 12,4.
70,36 *Strahl:* viell. ›Strahl des Feuers‹ (Tieck verbessert in
»Brand«). Häufig von Kleist gebrauchtes Wort: vgl.
Anm. zu 3,4 *Wetter ... vom Strahl;* 11,6 *Strahl seines
Angesichts* usw. Grimm verzeichnet zahlreiche weitere Belege bei Kleist.
71,6 *regiert:* hier ›lenkt, beherrscht‹. So auch im »Homburg« V. 350 »regier dich wohl«.
71,18 *michs:* mich des (dessen). Vgl. Anm. zu 9,39.
  Stift: hier ist wohl eine Zierspitze oder ein Kleider-
haken am Spiegelrahmen gemeint (vgl. *Nagelstift* 72,14).
71,27 *Augenlicht:* nicht sehr gebräuchliches Kosewort (hier
als letzte Steigerung der gekünstelten Kosewörte).

Vierzehnter Auftritt

73,10–14 *durch ein großes Portal ... in der Hand:* Das Motiv findet sich ebenso im »Erdbeben in Chili«: »Josephe stürzte sich, unerschrocken durch den Dampf, der ihr entgegenqualmte, in das von allen Seiten schon zusammenfallende Gebäude, und gleich, als ob alle Engel des Himmels sie schirmten, trat sie ... unbeschädigt wieder aus dem Portal hervor« (SW II,148). Kreutzer (S. 248) hat auf eine verwandte Stelle im »Kohlhaas« hingewiesen (vgl. SW II,32 f.). Die Hinweise von Behme (S. 33) auf Wielands »Hexameron von Rosenhain« (»Die Entzauberung«, darin das Motiv der Rettung aus einer brennenden Burg) und von Wolff (S. 23 f.) auf »Nathan der Weise« von Gotthold Ephraim Lessing (1729–81) (die Berichte über die Rettung aus dem Feuer durch den Tempelherrn, I,1–2) erscheinen abgelegen.

73,11 *Cherub:* Engel. Vgl. Anm. zu 84,27.

73,12 *umflossen:* Vgl. 94,12 *glanzumfloßner.* Von Grimm zitiert.

73,13 *Palmzweig:* Sinnbild des Sieges, des Friedens und der Freude.

73,15 *kehrt sie sich:* um, wendet sich um.

73,17 *Schirmt:* beschützt, wie 85,22 *Schützt mich.*

Fünfzehnter Auftritt

73,33 *Säulen Salz:* Anspielung auf die biblische Geschichte von Lots Weib (1. Mose 19,26). Vgl. hier auch 13,35 f. *Gleich einer Salzsäule* und ähnlich 97,32 *Bildsäule.*

74,2 *Trostlos mir!:* stark elliptische Konstruktion, wohl im Sinne von ›trostlos ist alles für mich‹ (an 73,34 anschließend).

74,10 *Gecken:* Narren (mit dem Unterton des noch im Alter Verliebtseins).

74,21 *über dich:* ›schweben über‹ mit Akk. statt Dat. auch im »Kohlhaas« (SW II,68).
Scharen: den Engeln. Ähnlich in Schillers Ballade »Der Gang nach dem Eisenhammer«: »Mit dem ist Gott und seine Scharen.«

74,24 *Weiß nit:* Dieser mundartliche Ausdruck wird ähnlich wie die Anrede *Mein hoher Herr* als leitmotivisches

Charakteristikum gebraucht. Vgl. ebenso 74,29 und 102,30. Im »Phöbus« wird der Ausdruck schon von Beginn an hervorgehoben; vgl. Varianten Kap. II (I,1 zu 10,1–4 u. II,7 zu 38,36–38).

74,26 *dünkt mich:* meine ich, scheint mir.

75,2 *dumme Trine:* gebräuchliches Schimpfwort für eine weibliche Person. Urspr. Kurzform von ›Katharina‹, hier also in doppeltem Sinn auf Käthchen bezogen.

75,25 *Gesicht der Äffin:* gebräuchliches Schimpfwort für eine Person mit häßlichem Gesicht. Vgl. 91,23 *das Affenangesicht,* so auch »Hermannsschlacht« V. 2372.

Sechzehnter Auftritt

76,11 *schneiden wir ... ab:* den Weg verlegen. Adelung: »Ein Corps, ein Regiment, ein Schiff abschneiden, denselben den Weg zur Hauptarmee, zur Flotte verrennen.«

76,11 *Rotte:* urspr. nur eine militärische Abteilung, Gruppe; hier in abwertendem Sinn: üble Schar, verbrecherische Bande (öfter bei Kleist).

Vierter Akt. Erster Auftritt

77,18 *tummelnd:* wohl transitiv gebraucht: sein Pferd im Kreis herumreitend. Urspr. ›kunstvolles, schulmäßiges Reiten im Kreis‹.

77,33 *trägt:* hier absolut gebraucht: ›mich und mein Pferd trägt‹.
ein: vor; besuch ich euch.

78,7 *bist du ein Jud?:* wohl im Sinn von ›bist du wasserscheu?‹ (Die jüdische Religion kennt nicht die christl. Wassertaufe; Wander verzeichnet einige Sprichworte, die darauf anspielen.) Vgl. auch 93,21 f. *träumtest du, Ich sei ein Jud.*

78,11 *in die Pfanne hauen:* nach Wander »eine Redensart aus dem Kriegsleben, womit man sagt, daß man niedergemetzelt und keinen Pardon gegeben habe«.

78,19 f. *Komm! Schürz und schwinge dich!:* Vgl. ebenso SW II,816. Entlehnung aus G. A. Bürgers Gedicht »Lenore«, dort wird die Formulierung mehrfach wiederholt (vgl. Bürger, Gedichte, Reclams UB Nr. 227, S. 6 f.). Schür-

zen: (wie 79,18 u. ö.) die Kleider hochraffen (oder zu-
sammenraffen).

78,27 *hilft das Käthchen:* ›helfen‹ mit Akk. der Person bis
ins 19. Jh. gebräuchlich.

78,30 f. *Mordmähre:* Von Grimm als »Schimpfname für
ein äußerst böses Pferd« zitiert. Kleist gebraucht die
Vorsilbe ›mord-‹ in zahlreichen Wortverbindungen, vgl.
mordschaunder 26,33; *Mordraufer* 94,22; *Mordgeist*
94,40. Grimm verzeichnet viele andere Belege, z. B.
»mordatmend«: »Penthesilea« V. 2571.

78,37 *gestern:* Gemeint ist die zurückliegende Nacht.

79,21 *Zwickel:* Keil, in Strümpfe eingestrickter Einsatz an
den Knöcheln.

Zweiter Auftritt

80,11 *dies Futteral:* Hiermit wird nur noch angedeutet, daß
Strahl von Kunigundes Besitzgier erfahren hat, anson-
sten wird das Motiv der Besitzgier im folgenden gänzlich fallengelassen. In späteren Bearbeitungen des 19. Jh.s
wurde das Motiv häufig wieder aufgegriffen und fortgeführt, wobei zugleich meist das Motiv der körperlichen
Häßlichkeit von Kunigunde getilgt wurde (vgl. Kap. V,
Holbein, Laube, Dingelstedt).

80,20 *Entwurf:* hier ›Plan, Versuch (wie 81,7), Experiment‹.

80,26 *durch Feuer und Wasser:* Schwerte (S. 8) interpretiert: »Auf die ›Feuerprobe‹ im brennenden Schloß folgte
die ›Wasserprobe‹ am Bach.« Vgl. dazu auch die Anm.
zu *Feuerprobe* im Titel.

80,27 *nichts für sich hat ... Schild:* der im Unterschied zum
herrlichsten Bürger (80,22) nichts besitzt, keinen anderen
Wert hat als nur den Adelstitel seines Geschlechtes.

80,28 *sympathetische:* ein sehr häufig von Wieland gebrauchtes Wort (zahlreiche Belege bei Grimm), vgl. nähere Hinweise in Kap. III,3. Im späten 17. Jh. zuerst
im Bereich naturmystischer Vorstellungen aufgetreten:
Körper, Substanzen oder Wesen, die durch verborgene
Kräfte einen geheimnisvollen, nicht erklärbaren Einfluß
aus der Entfernung auszuüben vermögen. Im 2. Viertel
des 18. Jh.s setzt sich die Bedeutung ›geistig-seelisch mit-
empfindend, mitfühlend, in geheimer innerer Wechselbe-

Kupferstich zum Vierten Akt, Zweiter Auftritt nach einer Zeichnung von Johann Heinrich Ramberg (1830)

ziehung stehend‹ durch, die bis ins frühe 19. Jh. hinein üblich bleibt (nach Grimm).

Zug: Anziehung.

80,29 *irgend:* irgendwie (modal gebraucht).

Wahn: Vgl. ebenso 18,20.

80,36 *Empfindung der Weiber:* von den Weibern, Gefühl für die Weiber. (Kant: »Die Wirkung eines Gegenstandes auf die Vorstellungsfähigkeit, sofern wir von demselben affeciert werden, ist Empfindung.«)

81,9 f. *legt seine beiden Arme ... Leib:* Diese Regieanweisung ist oftmals (zuletzt Weigand, S. 421) als Beleg dafür angesehen worden, daß Strahl wie ein sog. ›Magnetiseur‹ (Hypnotiseur) durch die körperliche Berührung Kontakt mit Käthchen wie mit seinem Medium (einer sog. ›Somnambulen‹) herstellt. Vgl. auch 82,10 *Er faßt ihre Hand* und 85,37 f. *Er läßt sie los ... Käthchen erwacht.* Vgl. zu dieser Frage ausführlich Kap. III,3.

81,26 *Fuchs:* rötlich-braunes Pferd; *Schimmel:* weißes Pferd.

81,30 *Sag mir an:* formelhafte Bitte (oder Befehl) um eine Auskunft (vgl. 89,6 u. ö.).

81,34 *Kamillen:* Vgl. das Gedicht über die »Kamille« (SW I,46). Nach Johanna von Haza (vgl. Nachruhm, Nr. 134) erwähnte Kleist die Kamillen hier ihr und ihrer Mutter, Sophie von Haza (1775–1849), der Frau von Adam Müller, zuliebe.

82,21 *wie ein Käfer:* von Grimm zitiert, dort der Hinweis auf volkstümliche Ausdrücke wie ›munter wie ein Käfer‹ und Koseworte wie ›Herzenskäfer‹, ›Goldkäfer‹.

82,26 *wie ein Turm:* Schwerte (S. 11) verweist auf den »Zweikampf« (SW II,253): »... türme das Gefühl, das in deiner Brust lebt, wie einen Felsen empor ...«

82,37 *heuern:* dialektgebundene Zusammenziehung aus ›heuraten‹ für ›heiraten‹. Von Grimm zitiert. (Vgl. ebenso »Krug« V. 875.)

83,8 *sahs im Blei:* Das Bleigießen, heute noch als scherzhafte Unterhaltung am Silvesterabend erhalten, ist ein alter abergläubischer Brauch. In geweihten Nächten (wie der Andreasnacht am 30. November oder der Silvesternacht u. a.) wird geschmolzenes Blei in Wasser gegossen, um aus den dann erstarrenden Bleifiguren etwas über die Zukunft herauszulesen. Vor allem ist das Bleigießen als Eheorakel (über den zukünftigen Ehepartner) gebräuchlich gewesen (nach Bächtold-Stäubli).

83,9 *zugegossen:* zugießen: dem Metall durch Gießen eine Form geben. (Grimm nennt ›zugegossenes‹ Silber in Barrenform.)

84,17 *träumt vor sich nieder:* ebenso »Homburg« als Regieanweisung vor V. 205. Ähnliche Formulierungen gebraucht Kleist oft, um träumerische, gedankenvolle Weltvergessenheit auszudrücken (vgl. z. B. »Mädchenrätsel« SW I,14). Vgl. auch Anm. zu 16,10.

84,27 *Cherubim:* eigtl. Plural von ›Cherub‹, hier als Sing. gebraucht. Nach Adelung wurde Cherubim »gemeiniglich« auch im Sing. gebraucht (und zwar nach 1. Mose 3,24). Neben Cherubim (ebenso 86,5; 92,20 u. ö.) gebraucht Kleist den Sing. *Cherub* (9,24 u. ö.), die korrekte Pluralform *Cherubim* (14,11) sowie die Pluralformen »Cherubime« (»Homburg« V. 903) und »Cherubimen« (SW II,377).

84,36 *härnen:* Adj. (von ›Haar‹ abgeleitet), nach Grimm gebräuchlicher als das nicht umgelautete ›haaren‹. Hier für einen einfachen, nicht kostbaren Stoff.

85,28 *Urewigen:* zunächst pietistisch, dann verweltlicht. Von Grimm zitiert. (Vgl. auch 94,14 u. ö.)

85,33 *spottete mich aus:* hier im Sinn von ›scherzhaft verspotten, sich lustig machen über‹. Dagegen 92,24 für ›verhöhnen‹.

86,9 *Was tu ich ... laß ich?:* ebenso »Krug« V. 170; ähnlich auch 99,16.

86,13 *Gewärtig:* etwas erwarten, auf etwas gefaßt sein.

86,19 *Wunderlicht:* Von Grimm unter »Licht übernatürlichen Ursprungs« zitiert.

86,20 *grausem:* schrecklichem, entsetzlichem; im wesentlichen auf die Literatursprache beschränkt, im 19. Jh. allmählich durch ›grauenhaft, grauenvoll‹ verdrängt. (Vgl. auch *Graus* 17,37.)

86,22 *silbern:* hier wohl im Sinn von ›wertvoll, wohltuend‹. Von Grimm zitiert.

86,23 *meines Kaisers:* Vgl. 46,38 lediglich *eine Kaisertochter.*

Vierter bis Achter Auftritt

Die Badegrottenszenen – mit der Enthüllung von Kunigundes körperlicher Häßlichkeit – sind in den späteren Bearbeitungen des 19. Jh.s meist gestrichen worden (vgl. Kap.
V, Laube u. Dingelstedt). Behme (S. 33) erinnert an Bade-
grottenmotive in der »Penthesilea« V. 2845 ff. und in der
Idylle »Der Schrecken im Bade« (vgl. bes. SW I, 16).

87,20 f. *gotischen Stil:* hier wahrscheinlich noch nicht spezifisch für die gotische Stilrichtung, sondern allgem. für
mittelalterliche Baukunst.

87,27 *kaiserliche Kommissarien:* Beauftragte, Abgesandte
des Kaisers.

87,34 *wann:* wenn; der Austausch beider Formen bis ins
19. Jh. nicht ungewöhnlich.

89,6 *bleichst:* statt ›erbleichst‹, ebenso »Homburg« V. 511.
(Vgl. auch Anm. zu 41,12.)

89,22 *der Tod:* Zur Gleichsetzung des Toten mit dem Häß-
lichen vgl. Grathoff (S. 152 f.).

89,23 *Mit Hipp und Stundenglas:* Entlehnung aus G. A.
Bürgers Gedicht »Lenore« (vgl. Bürger, Gedichte, Re-
clams UB Nr. 227, S. 10). Deshalb auch die Namensform
Lenore (89,27) statt ›Eleonore‹. Hippe (Sense) und Stun-
denglas (Sanduhr) sind die Attribute des Todes, der als
Skelett dargestellt wird.

89,24 *grimmiger:* hier ›bedrückend, schwer, schlimm‹ (dagegen 95,21 *Grimm:* Zorn).

89,34 *Mitte:* der gesamten Grotte, d. h. in die Hauptgrot-
te. Von Grimm zitiert.
scherzend: hier in der früher gebräuchlichen Bedeutung
von ›fröhlich herumspringend, spielend, tändelnd‹.

90,9 *Greuel:* Gegenstand des Grauens, Abscheulichkeit.

90,22 *Es kommt!:* Blaesing (S. 92) und andere weisen darauf hin, daß die Formulierung an den von Tieck überlieferten Vers aus der Erstfassung erinnere: »Da quillt
es wieder unterm Stein hervor.« (Vgl. dazu Kap. IV.)
Ähnlich schon in »Schroffenstein« V. 2331: »Horch!
Horch! Es kommt!«

90,37 *Pulver:* Das Giftmischerin-Motiv erinnert an die Figur der Adelheid aus Goethes »Götz«.

91,11 *zerstiebt:* zerstieben: wie Staub auseinanderfliegen, verschwinden (auch im »Amphitryon« V. 1428). Ein ähnliches Bild im »Zweikampf«: »das Geheimnis ... zu Staub verwest« (vgl. SW II,235).

Myrtenstengel: Nach Bächtold-Stäubli wurde die Myrte u. a. auch als Toten- oder Grabespflanze angesehen. Von Grimm zitiert.

91,12 *Vor dem ... flüsterst:* viell. fehlerhaft für ›von dem‹; sonst viell. im Sinn von ›mit Entsetzen vor dem, Angst vor dem‹.

91,16 *entdeckt:* weitergesagt.

91,21 *buhlt ... zur Seite:* wie ›nebenbuhlen, Nebenbuhler‹ gebraucht: wirbt neben mir um sein Herz. Ebenso »Hermannsschlacht« V. 2302; ›neben buhlen‹: »Penthesilea« V. 2915. (Vgl. auch Anm. zu 57,30.)

Fünfter Akt

92,3 f. *Schranken des Gottesgerichts:* Vgl. Anm. zu 5,10. Zum Motiv des gerichtlichen Zweikampfs vgl. Anm. zu *Feuerprobe* im Titel.

Erster Auftritt

92,8 *Trabanten:* Fußsoldaten, bes. Leibwächter (auch 106,33 f.).

92,13 *Monden:* das umgspr. ›Mond‹ für ›Monat‹ bis ins 19. Jh. gebräuchlich.

92,14 *eingeschlagen:* übertragen vom Einschlagen eines Blitzes (oder ›Wetterstrahls‹).

92,18 f. *sprengst ... aus:* verbreitest.

92,22 *meiner kaiserlichen Lenden Kind:* ähnlich »Guiskard« V. 501: »deiner Lenden Mark« und »Hermannsschlacht« V. 369 f.: »Enkel ..., Die in diesem Paar der Lenden ruhn.«

92,23 *prophetschen Grußes:* wohl in Analogie zum sog. ›englischen Gruß‹: Verkündung des Engels Gabriel an Maria. ›Gruß‹ für Verkündigung, Mitteilung auch im »Kohlhaas« (SW II,91). Vgl. auch Anm. zu 16,39.

93,8 *geschickt:* geeignet, befähigt, geübt.

93,10 *Schweizerkäse:* Streller (S. 138) betont, daß das Bild »dem höfischen Leben und Sprachgebrauch in keiner Weise« entspreche, also parodistisch gebraucht sei.

93,11 *des Sennen:* Gen. von der ›Senn(e)‹: Alpenhirt.

93,17 *müßgem:* ohne Sinn und Zweck, überflüssig.

93,23 *gerast:* rasen: ohne Vernunft, ohne Sinn handeln bzw. sich etwas einbilden. Nach Adelung bes. zur Kennzeichnung eines fieberkranken Zustandes gebraucht. Häufig bei Kleist, vgl. 36,12 u. ö.

93,28 *Wissenschaft:* Kenntnisse, Wissen (ebenso 94,25).

93,32 *Wunderbau:* etwa im Sinn: die unerklärliche, in ihrer wunderbaren Vollkommenheit unbegreifliche Einrichtung der Welt. Ähnliche Bilder häufig bei Kleist, vgl. z. B. »Kohlhaas«: »ein richtiges, mit der gebrechlichen Einrichtung der Welt schon bekanntes Gefühl« (SW II,15 f.).

94,2 *Vom Wirbel zur Sohle:* häufiger Ausdruck bei Kleist (vgl. Anm. *Wirbel* zu 10,8), hier in der Beziehung auf *Seele* etwas ungewöhnlich.

94,3 *Bänkeltochter:* uneheliche Tochter (einziger Beleg bei Grimm). Wohl in Anlehnung an ›Bankert‹ (auf der Bank gezeugtes, uneheliches Kind) gebildet.

94,4 *Kirchenspiel:* kirchl. Gemeinde; hier: die Pfarrei des Kirchenspiels, bei der die Geburts- und Taufregister aufbewahrt werden.

94,7 *ausgemittelt:* veraltet für ›ermittelt‹.
verruchtem: rücksichtslosem, verwerflichem.
Witze: Scharfsinn, Verstand. Nach Adelung »eine alte, noch im gemeinen Leben hin und wieder übliche Bezeichnung«.

94,9 *Lenzen:* Frühlingen; Pars pro toto, ›Jahren‹.

94,11 *Furie:* Rachegöttin der griech. und röm. Mythologie (auch ›Erinnye‹ genannt). Eine der drei Furien war Megära (vgl. Anm. zu 31,15). Sie galten als fürchterliche, rasende Wesen mit schrecklichem Aussehen, u. a. mit Schlangen statt Haaren auf den Köpfen (vgl. dazu Anm. zu 27,2). Von Grimm zitiert.

94,12–14 *Vatermördergeist … Natur:* Ebenso heißt es im »Katechismus der Deutschen«, Napoleon solle man sich vorstellen, »Als einen, der Hölle entstiegenen, Vatermördergeist, der herumschleicht, in dem Tempel der Natur, und an allen Säulen rüttelt, auf welchen er gebaut ist« (SW II,354). (Zu *Vatermördergeist* vgl. Anm. zu 26,33.) Behme (S. 34) verweist auf eine ähnliche Stelle bei Wie-

land: ».... wo nur die Pfeiler stehn der prächtgen Laub-
gewölbe und hohen Schattengänge des Tempels der Natur.«

94,23 *in Glanz gerüstet:* wie mit einer Rüstung aus Glanz
bekleidet (vgl. Anm. zu 9,7 f.: »in Erz gerüstet«).

94,24 *im Tode lag:* gebräuchlich für ›im Sterben liegen‹.

94,26 *Himmelsbronnen:* Kompositum aus Himmel und
Bronnen für Brunnen (angelehnt an Born). Nicht bei
Grimm belegt.

94,35 *eine Binse:* wohl kein Lesefehler für ›einer Binse‹
(so bei Grözinger belegt); *gleich* für ›jetzt, eben‹ so auch
95,3. Grimm nennt die Redensart ›Sind unsere Schwerter
von Binsen?‹ (u. a. bei Schiller). *Binse:* biegsame Gras-
pflanze.

94,36 *wandelbar:* Von Grimm unter der Bedeutung ›be-
weglich, locker‹ zitiert (seltener Wortgebrauch).

94,39 *entblüht:* hervorblüht, wächst.

95,6 *Sarraß:* poln., großer Säbel mit schwerer Klinge.

95,10 *rein:* hier ›frei von Fehlern oder Irrtümern‹, auch
frei von Vergehen.

95,19 f. *über ihm:* Kleist gebraucht öfter die Dativ- statt
der Akkusativ-Konstruktion (vgl. ›schweben über‹ Anm.
zu 74,21).

95,24 *Sphinx:* von Theben, Gestalt der griech. Mythologie.
Sie war beauftragt, die Thebaner mit unlösbaren Rätseln
zu plagen. Ödipus gelang schließlich die Lösung eines
Rätsels. Danach gilt die Sphinx häufig als Personifikation des Rätselhaften. Bei Kleist liegt wohl die Vorstellung von einem Wesen, das die Lösung der Rätsel kennt,
vor.

95,28 *obgesiegt:* hier in Nachahmung altertümlichen Sprach-
gebrauchs ›obsiegen‹ für ›über einen oder etwas siegen,
triumphieren‹.

Zweiter Auftritt

96,11 *genau gezählt:* Zur fehlerhaften Berechnung vgl.
Anm. zu 3,34.

96,26 *Schaustück:* Medaille, Schaumünze.

96,39 *ausbringe:* an die Öffentlichkeit bringe, bekanntma-
che.

Dritter Auftritt

97,18–25 *Sie ist eine ... verfertigt hat:* Die Hinweise von
Weigand (S. 425) auf eine ähnliche Stelle in dem Roman »Le diable boiteux« (Der hinkende Teufel, 1707)
von Alain-René Lesage (1668–1747) und von Adolf (S.
313) auf eine Stelle in Jung-Stillings Roman »Das Heim-
weh« (1794–96) erscheinen abgelegen.

97,18 f. *mosaische Arbeit:* Adelung nennt »mosaische Arbeit« oder »Musiv-Arbeit« für mosaikartige Zusammensetzung.

97,19 *drei Reichen der Natur:* dem Tier-, Pflanzen- und
Mineralreich.

97,21 *verschrieben:* Adelung nennt »verschreiben« in der
Bedeutung von: Waren auf schriftliche Bestellung von
einem fremden Ort kommen lassen.

97,22 *Bergwerken in Ungarn:* Dort wurde das Zinnober,
der Grundstoff für die sog. ›rote Schminke‹ (vgl. Anm.
zu 32,29), gewonnen.

97,27 *Meinen Empfehl:* ältere Höflichkeitsfloskel: ›meine
Empfehlung‹.

Fünfter Auftritt

98,28 *Turm von Pisa:* der ›schiefe‹ Turm, im 12. Jh. er-
baut, seine Neigung entstand schon beim Bau.

Sechster Auftritt

99,9 *Markt der Welt:* übertragene Bedeutung von Han-
delsmarkt, danach auch die ›Maße‹ (Gewichte usw.), die
auf einem Markt benutzt werden. Von Grimm zitiert.

99,12 *Wohin flücht ich:* ähnlich »Amphitryon« V. 1225:
»Wohin rett' ich vor Schmerz mich, vor Vernichtung.«

99,15 *Keil:* Blitz (Donner- oder Wetterkeil).

Siebenter Auftritt

100,2 *erharrt:* erwartet.

100,14 *Das Los der Welt:* wohl als bedauernder Ausruf im
Sinn von ›das unbarmherzige Schicksal‹.

Neunter Auftritt

101,6 *Er steht im Wahn:* wähnt, meint irrtümlich (öfter bei Kleist, vgl. auch 18,20 u. 80,29).

101,8 *just:* gerade jetzt.

101,13 *Eichhorn:* das Diminutiv ›Eichhörnchen‹ erst später gebräuchlich. Ähnlich in der »Luise« (1795 erschienen) von Johann Heinrich Voss (1751–1826): ». . . ich bin auch fröhlich! so fröhlich, / Als die singenden Vögel im Wald hier, oder das Eichhorn, / Welches die luftigen Zweige durchhüpft . . .« (1. Idylle, V. 302 ff.).

101,21 *was gilts:* um was wollen wir wetten (eigtl. ›was soll der Einsatz sein‹). Öfter bei Kleist.

Zehnter Auftritt

101,35 *herbergst:* suchst, nimmst Zuflucht. Der intransitive Gebrauch vor allem in der dt. Bibel belegt (›beherbergen‹ vgl. 100,8).

102,5 *sie zu flüchten:* transitiv: etwas auf der Flucht in Sicherheit bringen (im 18. Jh. gebräuchlich).

102,13 *Durchfleuchs:* mundartlicher Gebrauch von ›durchfliegen‹, schnell durchlesen, überfliegen. Nach Adelung sind die Formen ›fleuchst, fleucht‹ usw., »welche auch in der höhern Schreibart beliebt sind, Überreste einer rauhern alemannischen Mundart«.

Eilfter Auftritt

102,22 *Gepräng:* ›Gepränge‹ hier für prachtvolle Kleidung (vgl. auch Anm. *prangen* zu 36,6).

102,33 *gestellt:* hier im Sinn von ›dazu gebracht‹.

103,4 *Schwabach:* Viell. ist die Stadt in Mittelfranken gemeint, ebensogut aber ein frei gewählter Name.

103,6 *Hochgebenedeiten:* Hochgesegneten; stehender Terminus für die Jungfrau Maria.

103,30 *Ihm:* Der Kaiser gebraucht abwechselnd die Du- und die Er-Anrede; Strahl stets die Du-Anrede.

103,32 *ersänn:* Adelung nennt ›ersinnen‹ in der Bedeutung ›durch Nachsinnen herausbringen‹.

104,3 *Herzens Händen:* der figürliche Gebrauch von ›Herz‹

öfter bei Kleist: »auf den ›Knieen meines Herzens‹« (SW
II,805).

104,7 *Was Gott fügt ... nicht scheiden:* sprichwörtlich nach
Matth. 19,6.

Zwölfter Auftritt

104,29–32 *Der Hirsch ... zu stürzen:* Vgl. ein ähnliches
Bild in der »Hermannsschlacht« V. 2361 f. und SW II,671.

104,30 *spitzigem:* Die ältere Form wurde bis in die 2.
Hälfte des 18. Jh.s häufiger gebraucht als ›spitz‹.

105,16 *Baldachin:* Traghimmel aus kostbarem Stoff; im
europ. Mittelalter nur bei seltenen Gelegenheiten (Krö-
nungen oder fürstlichen Hochzeiten) gebraucht (vgl.
106,34).

105,17 *Mittag:* hier für die heißeste Tageszeit.

105,20 *ins Feld:* zum Kampf (auf das Schlachtfeld).

105,25 *kehr ich wieder:* viell. Lesefehler für ›kehrt sie
wieder‹ (nach Grözinger). Der Zusammenhang ist etwas
unverständlich: soll sie mit *ins Feld* ziehen (105,18–20)?

106,2–12 *Du weißt ... zurecht gelegt:* E. Schmidt (Werke,
Bd. 2, S. 462) erinnert an Märchen wie »Aschenputtel«.

106,18 *erheischt:* verlangt, fordert.

Dreizehnter Auftritt

107,13 *Herrn Herrn:* Die kuriale Dopplung in der Titel-
nennung war im Kanzleistil des 18. Jh.s gebräuchlich.

Vierzehnter Auftritt

108,25 *Schimpf:* Kränkung, Ehrverletzung (nach der Redensart ›Schimpf und Schande‹).

Kupferstich zum letzten Auftritt nach einer Zeichnung von Johann Heinrich Ramberg (1830)

II. Textvarianten

Eine Handschrift des »Käthchens von Heilbronn« ist nicht erhalten.[1] So sind Textvarianten gegenüber der Erstausgabe von 1810, welcher der Reclam-Text folgt, nur durch zwei »Fragmente« einer älteren Fassung überliefert, die Kleist 1808 im »Phöbus« vorabdruckte. Das erste Fragment (»Phöbus«, 4. und 5. Stück, April und Mai 1808, S. 75–104) umfaßt den 1. Akt und Strahls Monolog (II,1); das zweite (»Phöbus«, 9. und 10. Stück, Sept. und Okt. 1808, S. 15–54) umfaßt den Rest des 2. Aktes. Kreutzer (S. 168 ff.) vermutet, daß das erste Fragment der ältesten erhaltenen Fassung des Werks angehört, das zweite dagegen schon zu einer umgearbeiteten Fassung gehört. Allerdings hat Kleist besonders den 2. Akt bis zur Buchausgabe nochmals einschneidend verändert (zu den Datierungsfragen vgl. Kap. IV). Keine der bisherigen Ausgaben gibt sämtliche Textvarianten aus dem Phöbus vollständig wieder. In Erich Schmidts Ausgabe (Bd. 4, S. 352–369) sind die Lesarten annähernd vollständig verzeichnet, in Sembdners Ausgabe ist eine repräsentative Auswahl (SW I,886 bis 904) abgedruckt. Bis zum Erscheinen der historisch-kritischen Gesamtausgabe muß deshalb für einen peinlich genauen Textvergleich weiterhin der »Phöbus« (s. Kap. VII,1) herangezogen werden.

Bei der Überarbeitung der Phöbus-Fassung hat Kleist den Text vor allem gekürzt und gerafft. Die folgende Auswahl von einigen wenigen Varianten beschränkt sich im wesentlichen auf später gestrichene Textstellen aus dem »Phöbus«, soweit diese auch größere Motiv- oder Handlungs-Varianten gegenüber der Buchausgabe enthalten. Im übrigen wurden einige Hinweise auf kleinere Varianten im Kap. I vermerkt. Der Text folgt der Ausgabe von Helmut Sembdner (SW I,886–904).

---

1. Helmut Sembdner untersucht gegenwärtig ein Bühnenmanuskript des »Käthchens«, das 1959 von Wolfgang Grözinger (vgl. Kap. VII,3) gefunden wurde und das nach seinen Angaben vielleicht »auf eine Kleisthandschrift zurückging« (vgl. dazu auch Kap. I, Anm. zu 94,35 und 105,25). Die Ergebnisse von Sembdners Rekonstruktionsversuch liegen noch nicht vor.

XIV. Fragment aus dem Schauspiel:

Das Käthchen von Heilbronn,

oder

die Feuerprobe.

Personen:

Friedrich, Graf Wetter vom Strahle.
Graf Otto von der Flühe,
Wenzel von Nachtheim, } *Vehmrichter.*
Hans von Unkenfeld,
Theobald Friedeborn, Waffenschmidt aus Heilbronn.
Käthchen, seine Tochter.
u. s. w

Die Handlung spielt in Schwaben.

Erster Akt

Scene: Eine unterirdische Höhle, mit den Insignien des Vehmgerichts, von einer Lampe erleuchtet.

Erster Auftritt.

Graf Otto von der Flühe, (als Vorsitzer.) *Wenzel von Nachtheim, Hans von Unkenfeld,* (als Beisitzer), *mehrere Grafen, Ritter und Herren,* (sämmtlich vermummt,) *Häscher und Fackeln u. s. w. — Theobald Friedeborn, Bürger aus Heilbronn,* (als Kläger), *Graf Wetter vom Strahle,* (als Beklagter, stehen vor den Schranken).

Graf Otto (steht auf)

Wir Richter des hohen, heimlichen Gerichts, die wir, die irdischen Schergen Gottes, Vorläufer der geflügelten Heere, die er in seinen Wolken mustert, den Frevel aufsuchen, da, wo er, in der Höhle der Brust, gleich einem Molche, verkrochen, vom Arm weltlicher Gerechtigkeit nicht aufgefunden werden kann: wir rufen dich, Theobald Friedeborn, ehrsamer und vielbekannter Waffenschmidt aus Heilbronn, auf, deine Klage anzubringen gegen Friedrich, Graf Wetter vom Strahle; denn dort, auf

---

Titelblatt des fragmentarischen Vorabdrucks in »Phöbus. Ein Journal für die Kunst«. Hrsg. von Heinrich v. Kleist und Adam H. Müller. 4. und 5. Stück. April und Mai 1808

[Erster Akt. Erster Auftritt]

5,31–6,3

[Theobald Friedeborn.] oder wäre er vor die
purpurnen Schranken meiner Ratsherren getreten, und
hätte, nach Art der Verleumder, gesagt: der Friedeborn
sinnt auf Verrat, ihr Herren; dem Pfalzgrafen, der euch
bedroht, sendet er Waffen zu; schickt die Häscher, auf
daß man ihn greife: und es hätte sich nachher befunden,
daß ich ihm nichts zugesendet, als Fangeisen, den Wolf
zu fangen, und Speere mit Widerhaken, den Eber daran
auflaufen zu lassen; oder hätte er mich auf sein Schloß
laden lassen, und im Saal seiner Väter gesprochen: Meister, die Klage, die ich gegen dich verführt, reut mich;
die Rüstung will ich dir zahlen, und zum Zeichen, daß
du keinen Groll gegen mich hegst, nimm diesen Becher
Wein aus meiner Hand und leer ihn: der Hund aber,
dem ich heimlich einen Bissen, in des Weines Naß ge-
tränkten Brodes vorgeworfen, wäre augenblicklich nie-
dergesunken, verreckt, auch, binnen ein Rosenkranz ab-
gebetet wird, verwest, so, daß er nur halb, als ob ihn
ein Bär angefressen, begraben worden: ihr Herren der
hohen und heiligen Vehme, so wahr mir Gott helfe! ich
glaube, ich hätte nicht vor euch geklagt.

7,32–8,4

[Theobald.] Anton, der Großvater, den sie in seiner
letzten Krankheit gepflegt hatte, hatte ihr als einem
Goldkinde, dem er ein Zeichen seiner Liebe zu geben
wünschte, vorzugsweise vor mir und meinen übrigen Ge-
schwistern, ein Landgut verschrieben, das vor den Toren
der Stadt liegt, und sie dadurch, unabhängig von mir,
schon zur wohlhabenden Bürgerin gemacht. Fünf wackre
Männer, jeder ihrer Schwestern eine wert, wenn sie deren gehabt hätte, hatten nun schon um sie angehalten;
dem Fräulein, das die Ritter umbuhlen, stand sie zur
Seite; und wäre sie eines gewesen, das Morgenland wäre
aufgebrochen und hätte Perlen und Edelsteine, von Moh-
ren getragen, ihr zu Füßen gelegt. Wie viele Tränen ver-
goß ich, wenn ich dachte, daß ich mich von ihrer Liebe
zu mir, dieser wahren Milch meiner letzten Tage, nach
dem unbegreiflichen Gesetz der Natur, würde entwöh-
nen müssen;

8,18

[Theobald.] Der Teufel, der die Herzen der Mädchen, wie ihr euch auszudrücken beliebt, auf Turnieren
und Ringelstechen, oder wo sonst die muntere Ritter-
schaft zusammen kommt, verführt, der ist mir gar wohl
bekannt. Jugend heißt er, und hat glatte Scheitel, Füße
ohne Hufen und Hände ohne Klauen, mancher Seraph[2]
hat sie nicht kleiner; und steckte kein andrer in ihm, als
der, so wollt ich mich begnügen, mir die Haare auszu-
raufen, und schweigen. Was soll ich euch sagen,

10,1–4

[Theobald.] [...] widerfahren? Mein Käthchen! sag
ich: soll ich dich zu Bette bringen? Doch sie, sie zittert;
die Lippen bewegt sie, als ob sie etwas sagen wolle,
und regt sich und sträubt sich und wischt sich die Augen, wie einer, den ein unerhörter Vorfall betroffen hat.
Und da sie sich nach und nach erholt, und mir die Wangen streichelt, als wollte sie sagen: guter, alter Vater!
beruhige dich: so ruft der Graf noch einmal: wes ist das
wunderbare Kind? und faßt sie bei der Hand und zieht
sie zu sich. Meins! gestrenger Herr, sag ich; mein Gold-
kind, mein Käthchen! So frisch und gesund sonst, wie die
Tannen auf den Spitzen der Berge! Ich heiße sie auf
den Schemel vor ihm, auf welchem die Werkzeuge liegen,
niedersitzen; doch da sie, in ziemlicher Fassung, zwischen
seinen Knieen steht und ihm ins Antlitz schaut: so
denk ich, der Anfall ist wohl auch vorüber, und lasse
die Mägde den Schutt wegräumen, und geh an mein
Geschäft. – Der Graf vom Strahle spricht, während ich
ihm an der Schulter arbeite: Katharina, jung Mädel, was
auch hast du? Weshalb entsatztest[3] dich so, als du ein-
tratst? War, mein ich, nicht vor mir? »Weiß nit, gestrenger Herr, antwortet sie, was mir widerfahren. Laßt
gut sein; ist schon wieder vorüber;« und streicht sich die
Haare von der Stirn, und schweigt.

13,7–19

[Graf vom Strahle.] [...] nicht zu haben wäre:
so denk ich, sollst ihr doch einmal mit der Sprache nä-

2. Engel höherer Ordnung (nach Jes. 6,2).
3. ältere Form von ›entsetztest‹ (mundartlich erhalten).

her aufs Herz rücken und hören, was sie treibt. Und
spreche, da ich sie auf der Treppe finde, mit Hemden,
die ich abgelegt, und Strümpfen flickend beschäftigt:
»Katharina! O Jungfrau! Wie auch stehts? Hast dein
Geschäft in Straßburg bald abgemacht?« Und eine Glut,
wie wenn ein Herd geschürt wird, flammt ihr übers
Antlitz: – nein, flüstert sie, noch nicht; und hebt einen
Knäuel auf, der ihr vom Schoß herabgefallen war. Ich
sage: woran auch liegts? Wird sich der Vater daheim,
wenn du so lang ausbleibst, nicht härmen? – – Was
denn ists für ein Geschäft? setz ich forschend hinzu, da
sie nichts herfürbringt, weint, und mit der Nadel schafft,
als jagte sie einer. »Ei«, spricht sie, »gestrenger Herr«,
und schaut auf die Wäsche nieder, »Ihr wißts ja!« Ich?
frag ich. Nein, so wahr mir Gott helfe, da irrst du. Wie
soll ichs wissen? Hast dus mir jemals anvertraut? –
Käthchen! sag ich, und nehm ihr das Kinn, und richt es
sanft zu mir auf. »Gott!« ruft sie, »was quält Ihr
mich!« rafft Hemden und Strümpfe auf, neigt sich, und
küßt mir des Mantels Saum, und geht ab. Holla! denk
ich, steht es so mit dir? und send einen Boten flugs gen
Heilbronn dem Vater zu, mit folgender Meldung: »das
Käthchen sei bei mir; ich hütete seiner; in zwanzig
Tagen könne er es vom Schloß Wetterstrahl, daheim im
Schwabenlande, abholen, wohin ich in fünfen aufbre-
chen und es mitnehmen würde.«

G r a f O t t o. Hat dies seine Richtigkeit, Alter?

T h e o b a l d. Wahr ists, ihr hohen Herren; er schickte
mir den Boten gen Heilbronn, und ich, guter, alter Narr,
erschien auch. Doch das wußt ich nicht, daß es bloß war,
um mich zu äffen, und mir von seiner Kunst eine Probe
zu zeigen; denn sie blieb nach wie vor bei ihm.

G r a f v o m S t r a h l e. Äffen! – Wenn du der Affe der
Vernunft[4] bist: was gehts *mich* an? Wärst du verständig
verfahren, wies deinem dreiundfunzigjährigen Alter
zukam: hättest du die träumerische Kunst nicht, von der

---

4. *äffen:* jemandes Leichtgläubigkeit mißbrauchen, ihn täuschen. Nach
Röbbeling (S. 87) findet sich der Ausdruck »Affe der Vernunft« auch bei
Wieland; hier wohl im Sinn von: ›wenn du von der Vernunft zum
Affen, zum Narren gehalten wirst‹.

du sprichst, zu Schanden machen, und das Mädchen mit
dir nehmen können?
G r a f O t t o. Weiter, Graf Wetter! berichtet den Vorfall!

[Erster Akt. Zweiter Auftritt]

15,30–16,9

K ä t h c h e n *(stellt sich neben dem Grafen vom Strahl,
und sieht die Richter an).*
Ihr sollt mir diesen Busen nicht verwirren.[5]
G r a f O t t o.
Nun?
W e n z e l. Wirds auch werden?
H a n s. Wirst du dich bald uns nähern?
Wirst du zur Schranke treten, wie sichs schickt?
K ä t h c h e n *(für sich).* Sie rufen mich.
W e n z e l *(befremdet).* Was fehlt dem Wesen dort?
K ä t h c h e n.
Auf Purpur sitzen sie, vermummt in Schwarz,
Wie das Gericht am jüngsten Tage, da.[6]

[Zweiter Akt. Erster Auftritt]

28,25–27

[D e r G r a f v o m S t r a h l e.] [...] dergestalt plün-
dern, daß keine Träne mehr, die unter dem Monde
rinnt, auf eine neue Art soll sagen können: ich bin be-
trübt. Wenn mir nur Gottschalk gegenüber säße, und
irgend etwas, was es auch sei, vor uns auf der Erde
läge, damit ich mir einbilden könnte, es sei ein Wettstreit.[7]

5. Diese für Kleist so charakteristische Wendung fehlt in der Buchausgabe.
6. Diese beiden Verse sind hier nach dem »Phöbus« ergänzt, sie sind
nicht in SW I, 890 wiedergegeben.
7. Das Motiv ist aus Salomon Geßners Idyllen entlehnt (vgl. auch Kap.
I, Anm. zu 28,7–29,40). In der Idylle »Lycas und Milon« heißt es: »Und
Milon sprach, lang schon, du Flötenspieler Lycas, lang schon hab ich
deinen Gesang loben gehört, laß uns einen Wettgesang singen, denn auch
mir sind die Musen gewogen; jenes junge Rind will ich zum Preis dir
sezen [...]« (Geßner: Idyllen, Reclams UB Nr. 9431 [5], S. 27 f.). Vgl.
dasselbe Motiv dort nochmals in »Tityrus. Menalkas« (ebenda, S. 51).

29,19 f.

[Der Graf vom Strahle.] Du kleines Veilchen,
das an der bemoosten Felswand, im Schatten wildran-
kender Brombeergebüsche, blühte, und bestimmt schien,
mir, wenn ich dich jemals erblickte, einen Geruch zuzu-
senden, und dann vergessen zu werden: was hast du meiner
Brust angetan? So wahr mir Gott die Sünde vergebe,
ich meine, meine Seligkeit ist mir zugemessen. Ich weiß
nicht mehr, warum ich abends die Hände falten und be-
ten soll: sobald nur der Dank für das, was mir heute
geworden ist, ausgeweint ist. Wars nicht, als sie sich da,
in ihrer lieblichen Unschuld, vor mir entfaltete, als ob
ich, diese Verbindung von Eisen und Fleisch und Blut[8],
die gegen die Erde drückt, gänzlich zu Gesang verwandelt worden wäre; als schwäng ich mich, wie ein Adler,
kreisend und gewälzt und kopfüber, ins Reich unendlicher Lüfte empor, immer jauchzend und wieder jauchzend: ich bin geliebt! daß die ganze Welt, wie ein großer
Resonanzboden, mir widerhallte: ich bin geliebt! – ich
bin geliebt! ich bin geliebt! ich bin geliebt! schwachher
der Nachhall lispelnd noch von den äußersten Sternen,
die an der Grenze der Schöpfung stehn, zu mir herüber
zitterte. – – – Ihr grauen, bärtigen Alten, was wollt ihr?

[Zweiter Akt. Zweiter Auftritt]

30,3–5

Gottschalk. Ei, was der Gukuck! So hängt ja der
Himmel voller Geigen.[9] Ist das Gericht schon vorbei, gestrenger Herr? – Nun, so wahr ich lebe! Wir stehn dort,

Der zuerst von Reinhold Steig gegebene Hinweis auf literarische Gesell-
schaftsspiele (Wettstreite) in Frankfurt a. d. Oder und auf Kleists späteren literarischen Wettstreit mit Henriette Vogel (vgl. dazu SW I, 46
und Anm. S. 917 f. und S. 960) erscheint wegen der Nähe zu Geßner als
abgelegen.
8. Vgl. dazu Sembdners Hinweis auf Kleists Gedicht »Katharina von
Frankreich« (SW I, 909). Mommsen (S. 50 ff.) glaubt, weitere Parallelen
zu Shakespeares »Heinrich V.« zu erkennen. Über die Beziehungen zu
Kleists »Marionettentheater« vgl. Grathoff (S. 154 f.).
9. weitverbreitetes volkstümliches Sprichwort (zahlreiche Belege bei
Wander und Grimm), meist zur ironischen Kennzeichnung eines glück-
seligen Verhaltens gebraucht. (Ebenso volkstümlich »was der Gukuck«:
Ausruf des Erstaunens.)

wo die Pferde grasen, und schauen uns die Augen wund,
Euch aus der Mordhöhle wieder hervortreten zu sehen;
und Ihr liegt hier, wie ein Dachs davor, und sonnt
Euch. – Ein Bote [...]

[Zweiter Akt. Siebenter Auftritt]

38,36–38

(Köhlerjunge sieht sich wieder um.)
D e r G r a f v o m S t r a h l e. Nun?
R i t t e r F l a m m b e r g. Was säumst du?
D e r G r a f v o m S t r a h l e. Was stehst du und steckst
die Hände, die du brauchen sollst, in die Hosen, und be-
denkst dich?
G o t t s c h a l k. Hast kein Herz, Junge?
K ö h l e r j u n g e. – Weiß nit, ihr Herren.
D e r G r a f v o m S t r a h l e *(lachend)*. Weiß nit!
K ö h l e r j u n g e. Wills dem Vater sagen. – Harrt einen
Augenblick hier und schaut, was ich tue.

39,5 f.

G o t t s c h a l k. Mein Seel! Ihr Herren, wenn ich die Sache
recht bedenke, so wollt ich, ich hätte geschwiegen.
R i t t e r F l a m m b e r g. Warum hast dus nicht getan?
G o t t s c h a l k. Wenn der Junge Herz hat, so wirds einen
blutigen Strauß[10] geben.
(Pause.)
D e r G r a f v o m S t r a h l e. Wie hoch schätzt ihr wohl
ihre Zahl?
R i t t e r F l a m m b e r g. Immer um die Hälfte gerin-
ger,[11] als derer, die mit uns sein werden. – Ich meine, es
sind ihrer ein Dutzend.
D e r G r a f v o m S t r a h l e. Eher drüber, als drunter.
R i t t e r F l a m m b e r g. Wir wollen uns einbilden, es
wären zwei.
(Pause.)
G o t t s c h a l k. Aber, ihr Herren, paßt auf wo der Junge
bleibt! So wahr ich lebe, er schlüpft' eben vom Feuer
hinweg. Die Alten, mit denen er sprach, stehen allein.

10. Kampf, Gefecht (mhd. ›strûz‹).
11. ähnliche Zahlenvergleiche auch häufig in Goethes »Götz«.

D e r   G r a f   v o m   S t r a h l e. Wird ihn doch der Luzifer nicht, eh er wieder gekommen? –
R i t t e r   F l a m m b e r g. Richtig!
D e r   G r a f   v o m   S t r a h l e. Was?
G o t t s c h a l k. Der Teufel soll mich holen!
D e r   G r a f   v o m   S t r a h l e. Ist er fort?
R i t t e r   F l a m m b e r g. Er schlich eben in die Hütte hinein. –
D e r   G r a f   v o m   S t r a h l e. Gottschalk! Geh doch einmal, und mach dir ein Geschäft bei den Alten, und horche, wie sie gesinnt sind.
G o t t s c h a l k. Mein Seel! Das wird einen Lärm setzen, wie bei der Hochzeit von Kanaan.[12]
(Er schleicht sich in den Hintergrund und spricht mit den Alten.)
D e r   G r a f   v o m   S t r a h l e. Ich meine, es wird alles bleiben, wie es ist. – Sprach der Junge nicht, es läge ein geharnischter Mann bei ihr?
R i t t e r   F l a m m b e r g. Allerdings.
D e r   G r a f   v o m   S t r a h l e. So wird der Schlingel nichts ausrichten.
R i t t e r   F l a m m b e r g. Je nun! – Der Junge war schlau genug, andern einbilden zu können, er sei es nicht. Wenn er sich aufs Stroh hinlegt, neben ihr, so sieht er aus, wie ein Sack voll Kohlen; kein Mensch merkt auf ihn. Ein geschickter Schnitt, der ihr, ungesehen von dem, der sie bewacht, die Hände befreit; das übrige, mein ich, tut sie schon selbst.

44,5–47,17

[Zweiter Akt.] Neunter Auftritt

Der Burggraf von Freiburg verwundet am Boden, Georg von Waldstätten über ihm; zur Seite die Köhler.

G e o r g   v o n   W a l d s t ä t t e n.
Nimm hier von diesem Wasser, Max! Wie gehts dir?
Fühlst du ein wenig besser dich?
B u r g g r a f   v o n   F r e i b u r g *(sie richten ihn auf, er trinkt).*   Ach, Georg.

12. nach Joh. 2,1–12.

D e r e r s t e K ö h l e r *(betrachtet ihn).*
  Es scheint, er geht, wo alles Fleisch.[13]
D e r z w e i t e.   Sein Aug
  Ist dunkel, seine Nägel blau, wie Wachs. –
G e o r g v o n W a l d s t ä t t e n.
  Sag mir, o Max, eh deine Seel entweichet,
  Wodurch hat dich dies Weib so schwer gereizt?
  Wodurch hat sie so grimmig dich gereizt,
  Daß du solch eine Tat ihr angetan?
B u r g g r a f v o n F r e i b u r g.
  O Georg! Wenn ich das sagen könnte –
G e o r g v o n W a l d s t ä t t e n.   Sag es.
B u r g g r a f v o n F r e i b u r g.
  Den Atem meiner ganzen Jugend gäb ich,
  Um nur die sieben Worte auszusprechen.
G e o r g v o n W a l d s t ä t t e n.
  Du hast jetzt eben dreizehn schon gesagt. –
B u r g g r a f v o n F r e i b u r g.
  Ist sie hinweg mit ihm?
G e o r g v o n W a l d s t ä t t e n. Du kanntest ihn?
  – Es war der Graf vom Strahl, der sie befreit.
B u r g g r a f v o n F r e i b u r g.
  Ist sie hinweg mit ihm?
G e o r g v o n W a l d s t ä t t e n. Sie sind hinweg.
  Er nahm sie mit sich auf sein Schloß zum Strahl.
B u r g g r a f v o n F r e i b u r g *(mit einem Seufzer).*
  O Georg!
G e o r g v o n W a l d s t ä t t e n.
                  Was denkst du?
B u r g g r a f v o n F r e i b u r g. Morgen liebt er sie,
  Und übermorgen ist er mit ihr verlobt:
  Und doch –
G e o r g v o n W a l d s t ä t t e n.
                  Und doch –
B u r g g r a f v o n F r e i b u r g.
                          Und doch – ihm wäre besser
  Wenn er sich einen Erben will erzielen[14] –

13. sprichwörtlich verkürzt, zu ergänzen: hingeht. In Anlehnung an biblische Sprache für ›er stirbt‹.
14. *erzielen* im 18. Jh. auch in der Bedeutung von ›erzeugen‹ (Grimm). Das Unfruchtbarkeitsmotiv wurde in der vorliegenden Schärfe nicht in die Buchausgabe übernommen, vgl. lediglich ein andeutendes Bild: 36,19–22.

Georg von Waldstätten.
   Wenn er sich einen Erben will erzielen?
Burggraf von Freiburg.
   In einem Beinhaus[15] freit' er eine Braut.
Georg von Waldstätten.
   Du unbegreiflicher Prophet! Was weißt du?
Burggraf von Freiburg.
   Ich will dir sagen, Freund. Ich war einst –
Georg von Waldstätten.   Nun? Du warst? –
Burggraf von Freiburg.
   Tod starrt mir auf der Zung, ich kann nicht sprechen. –
   Geht, fragt –
Georg von Waldstätten.
               Wen?
Burggraf von Freiburg.
                  Fragt –
Georg von Waldstätten.
                     Nun, sprich! Wen soll ich fragen?
Burggraf von Freiburg.
   Wie heißt die Zofe schon, die um sie ist?
Georg von Waldstätten.
   Rosalie!
Burggraf von Freiburg.
         Fragt Rosalien, die mein ich.
   Und nun laßt mich zufrieden, es ist aus.
   (Er sinkt wieder zurück.)
Georg von Waldstätten.
   Kommt, laßt uns ihn in jene Hütte tragen.
   (Sie heben ihn auf und tragen ihn fort.)

47,18–24
Szene: Schloß Wetterstrahl. Ein Gemach in der Burg.

[Zweiter Akt.] Zehnter Auftritt[16]

Fräulein Kunigunde von Thurneck am Putztisch, beschäftigt,
die letzte Hand an ihren Anzug zu legen. Hinter ihr Rosalie.

Kunigunde. Mich dünkt, Rosalie, diese Locken sind
   Zu zierlich hier. Was meinst du? Es ist nicht

---

15. Haus auf dem Friedhof, in dem die ausgegrabenen Gebeine aufbewahrt werden. Vgl. ebenso »Schroffenstein« V. 2664.
16. Diese Putzszene, in der das Motiv der vorgetäuschten Schönheit aus-

Mein Wille, was die Kunst kann, zu erschöpfen,
Vielmehr, wo die Bedeutung minder ist,
Möcht ich dich gern nachlässiger, damit
Das Ganze so vollendeter erschiene.
Sieh, diesen Stein, der diesen Busch von Federn
Zusammenhält: gewiß! er steht mir gut;
Er wirft den Glanz, den funkelnden, auf mich;
Doch streu ich diese Haare über ihn,
So scheint es mehr, er nimmt den Glanz von mir:
Ihn selber, freilich, sieht man weniger,
Doch das Gemüt, das ihn verbarg, so mehr.
R o s a l i e. Gewiß! In manchem Sinne habt Ihr recht.
Da kömmt er, denkt man, übers Meer und bietet
Mit seinem Strahl sich an, und Ihr verschmäht ihn:
Ihr werft ihn hin, wo man ihn kaum erblickt.
Das aber wußt ich nicht, daß es Euch mehr
Um das Gemüt zu tun ist, als die Stirn,
Auf die Ihr mir befahlt, ihn aufzustecken.
K u n i g u n d e. Da hast du dich geirrt, Rosalie.
Die Kunst, die du an meinem Putztisch übst,
Ist mehr, als bloß ein sinnereizendes
Verbinden von Gestalten und von Farben.
Das unsichtbare Ding, das Seele heißt,
Möcht ich an allem gern erscheinen machen,
Dem Toten selbst, das mir verbunden ist.
Nichts schätz ich so gering an mir, daß es
Entblößt von jeglicher Bedeutung wäre.
Ein Band, das niederhängt, der Schleif entrissen,
Ein Strauß, – was du nur irgend willst, ein Schmuck,
Ein Kleid, das aufgeschürzt ist, oder nicht,
Sind Züg an mir, die reden, die versammelt
Das Bild von einem innern Zustand geben.
Hier diese Feder, sieh, die du mir stolz
Hast aufgepflanzt, die andern überragend:
Du wirst nicht leugnen, daß sie etwas sagt.
Zu meinem Zweck heut beug ich sie danieder:
Sie sagt nun, dünkt mich, ganz was anderes.
Wenn mich der junge Rheingraf heut besuchte,

gemalt und genauer fundiert wird, hat Kleist nicht in die Buchausgabe
übernommen.

So lobt ich, daß du mir die Stirn befreit;
Doch weils Graf Wetter ist, den ich erwarte,
So laß ich diesen Schleier niederfallen;
Nun erst, nun drück ich aus, was ich empfinde,
Und lehr ihn so empfinden, wie er soll.
(Sie steht auf.)
Wer naht?
R o s a l i e. Wo?
K u n i g u n d e. Draußen von der Galerie.
R o s a l i e. Es ist –
K u n i g u n d e.   Horch! – Rasch die Sachen weg, Rosalie.
R o s a l i e.
Was träumt Ihr? Es ist niemand.
K u n i g u n d e.   Niemand?
R o s a l i e.   Niemand.
Der Windzug wars, der mit der Wetterfahne
Geklirrt.
K u n i g u n d e. Mich dünkt', es war sein Fußtritt.
– Nun, nimm die Sachen weg, Rosalie.
R o s a l i e. Fürwahr! Sieht man in dieser Fassung Euch,
Meint man – ich wag noch nicht zu sagen, was?
K u n i g u n d e. Laß das. Davon ein andermal. –
(Sie tritt wieder vor den Spiegel.)   Ach, Freundin!
Wie vielen Dank bin ich dem Zufall schuldig,
Der dich auf dieses Schloß hierher geführt.
Von allen Wünschen, sieh, die mich durch jene
Verhängnisvolle Nacht begleiteten,
War dies der größeste – und er ist mir erfüllt.
R o s a l i e. Ihr nennt es Zufall! – Meine Iris[17] wars,
Ich habs Euch schon gesagt, sie selbst leibhaftig,
Die Königin der klugen Kammerzofen.
Als Euch der Burggraf mir entrissen hatte
Und ich, umirrend in der Finsternis,
Nicht weiß, wie ich den Fußtritt wenden soll,
Zeigt gegenüber, matt verzeichnet, sich
Ein zarter Mondscheins-Regenbogen mir.

---

17. Dienerin der Juno (ebenso »Hermannsschlacht« V. 2374), als Personifikation des Regenbogens angesehen (vgl. unten »Mondscheins-Regenbogen«). Weil Kleist diese Stelle dann gestrichen hat, wurde später
häufig kritisiert, daß Rosalie nun in der Buchausgabe gänzlich unmotiviert auf Schloß Wetterstrahl erscheine.

Ich kann nicht sagen, wie mich dies erfreute.
Durch seine Pfort ermuntert geh ich durch,
Und steh, am Morgen, vor dem Schloß zum Strahle. –

K u n i g u n d e. Ich will ihr einen Göttertempel baun. –
Ach, Teuerste! Kannst du mir sagen, was
Aus diesem Wütrich mag geworden sein?
Wir ließen bei den Köhlern ihn zurück.
Lebt er? – Sag an.

R o s a l i e.   Wenn Wünsche töten könnten,
So sagt ich: nein. – Ich weiß es nicht, mein Fräulein.

K u n i g u n d e.
Geh, und erkundge dich danach. – Die Ruhe
Ist meinem Busen fremd, bis ich es weiß.

R o s a l i e. Der alte Knecht, der eben noch im Hofe
Den Vorfall meldete, versicherte,
Er würde nimmer wieder auferstehn.

K u n i g u n d e. Kannst du mir sagen: er ist tot, Rosalie:
Die Lippen sind auf ewig ihm geschlossen –
Jedwedes Wort der Botschaft will ich dir
Mit einer Perle, wie ein König, lohnen. –
(Indem sie zum Fenster geht und es öffnet.)
Hast du mir alles dort zurecht gelegt?
Urkunden? Briefe? Zeugnisse?

III. Zur Gattungs-, Stoff- und Motivgeschichte

Der Altertumsforscher Karl August B ö t t i g e r (1760 bis 1835), der während der Entstehungszeit des »Käthchens« in Dresden Kontakt zu Kleist hatte, erwähnte in einem zweifelhaften Bericht (vgl. auch Kap. IV) eine angebliche Quelle für das »Käthchen« (in: Dresdner Abendzeitung, 15. 12. 1819):

> »Bei seinen militärischen Streifzügen [?] durch Schwaben fand Kleist die ganze Legende vom Käthchen als einer Volkssage. Er bewahrte selbst das gedruckte Flugblatt noch auf, das er auf einem Jahrmarkte gekauft hatte.«
>
> Lebensspuren, Nr. 268

Eine solche Volkssage oder Legende vom Käthchen konnte bis heute nicht nachgewiesen werden, und es darf auch als zweifelhaft gelten, ob Böttigers Angaben irgendeine stichhaltige Grundlage haben. Weil aber weder das Flugblatt noch irgendeine andere eindeutige Quelle für das »Käthchen« gefunden werden konnte, wurde im Laufe der Forschungsgeschichte eine Unzahl von angeblichen ›Quellen‹ zusammengetragen. Ironisch überspitzt könnte man sagen, daß nahezu die gesamte Weltliteratur herbeizitiert wurde, um stoff- oder motivgeschichtliche Bezüge zum »Käthchen« herzustellen. Virgil und Boccaccio wurden ebenso bemüht wie Shakespeare, Lessing, Wieland, Schiller und Goethe, um nur einen winzigen Ausschnitt der zahllosen ›Quellen‹-Hinweise zu erwähnen. Die Zusammenfassung aller Hinweise würde im Ergebnis darauf hinauslaufen, daß Kleists Schauspiel eine ebenso zusammengeklaubte und zusammengesetzte »mosaische Arbeit« wie Kunigunde sein müßte.[1]

Die bisherigen Forschungsergebnisse wurden deshalb vor allem sondiert und überprüft, danach verbleiben noch folgende nennenswerte Bereiche der Gattungs-, Stoff- und Motivgeschichte:

---

1. Ähnlich äußerte sich Schwerte (S. 11). E. Schmidt betonte demgegenüber: »Wir erniedrigen unser Drama nicht zu einer ›mosaischen Arbeit‹ gleich Kunigunden, wenn wir einzelnen angeeigneten Trieben seines Kunstwerkes nachspüren« (Werke, Bd. 2, S. 174).

1. In gattungs-, hier also dramen- und theatergeschichtlicher Hinsicht scheint eine Beziehung zur *Tradition des Ritterdramas* zu bestehen.

2. In stoffgeschichtlicher Hinsicht verweist die grundlegende Handlungsstruktur (Strahl zwischen Käthchen und Kunigunde, von denen er schließlich die ›richtige‹ Frau heiratet) auf bestimmte *Traditionen des Märchens*. Darüber hinaus läßt die Handlung zwischen Strahl und Käthchen (Liebe eines bürgerlichen Mädchens zu einem Adligen) Beziehungen zu *volkstümlichen Dichtungen* (vor allem zur Volksballade) erkennen.

3. In motivgeschichtlicher Hinsicht finden sich Quellen für das zentrale Motiv des Doppeltraums in Werken von Christoph Martin Wieland (1733–1813) und für Käthchens Somnambulismus in Werken der romantischen Naturphilosophen Gotthilf Heinrich Schubert (1780–1860).

In allen Fällen jedoch ist weiterhin Vorsicht geboten, denn trotz scheinbarer äußerlicher Übereinstimmungen mit literarischen Vorbildern hat Kleist auf solche Vorbilder doch vielfach mit großer Distanz oder gar mit subtiler Parodie zurückgegriffen (vgl. dazu bes. Grathoff, S. 160). Im folgenden können deshalb nicht einfach Traditionszusammenhänge dargestellt werden, sondern es muß zugleich erörtert werden, ob das »Käthchen« tatsächlich oder nur scheinbar äußerlich – dabei aber distanziert gebrochen – in einer literaturgeschichtlichen Tradition steht.

1. Gattungsgeschichtliche Beziehungen

Schon der Untertitel »Ein großes historisches Ritterschauspiel« scheint das »Käthchen« in die Tradition des Ritterdramas zu rücken. Im Gefolge von Goethes »Götz von Berlichingen« (erschienen 1773) hatte sich die gebrauchs- oder trivialdramatische Gattung des Ritterdramas im letzten Viertel des 18. Jahrhunderts rasch auf den deutschen und österreichischen Bühnen verbreitet (vgl. dazu Otto Brahm[2]: Das deutsche Ritterdrama des 18. Jahrhun-

2. In dem Bd. »Erläuterungen und Dokumente zu Goethe, ›Götz von Berlichingen‹«, hrsg. von Volker Neuhaus (Reclams UB Nr. 8122 [2]) ist das Verzeichnis von Ritterdramen aus Brahms Untersuchung wieder abgedruckt (vgl. S. 159 f.).

derts. Straßburg 1880; sowie Adolf Hauffen, Hrsg.: Das
Drama der klassischen Periode. Teil 1. Stuttgart [1891],
Deutsche National-Litteratur, Bd. 138). In den Ritterdramen sind bestimmte Personen, Motive und Handlungselemente in stereotyper Wiederkehr zu finden, die Brahm
(S. 70 f.) recht unsystematisch unter dem Titel »Motive«
zusammengestellt hat. Viele solcher typischen Elemente des
Ritterdramas sind in das »Käthchen« übernommen worden:
die Femgerichtsverhandlung, die ursprünglich schon im
»Götz« vorkommt, die Köhlerszenen[3], der ritterliche Zweikampf um eine Frau, die Wirtshausszenen, die gleichfalls
noch durch den »Götz« angeregt wurden, die Erstürmung
und der Brand einer Burg, das Gottesgericht und schließlich – wie der häufig vorkommende Name Kunigunde –
das Motiv der Giftmischerei, das auf die Giftmischerin
Adelheid im »Götz« zurückgeht. Kleist hat also das typische Szenarium und typische Handlungselemente des
Ritterdramas in das »Käthchen« aufgenommen, und doch
klingt sein Untertitel »historisches Ritterschauspiel« eher
plakativ-reklamehaft denn gattungsmäßig kennzeichnend.
Einer historischen Thematik, wie sie in Goethes »Götz«
behandelt wird, steht nämlich Kleists »Kohlhaas« viel näher als nun gerade das »Käthchen«. Und mit einer historisch-patriotischen, besonders auch lokalpatriotischen Thematik, die viele Ritterdramen kennzeichnet[4], hat das
»Käthchen« auch nichts gemein. Das Schauspiel ist weder
um historische Treue bemüht (vgl. Kap. I, Anm. zu 3,34),
noch kann gesagt werden, daß die gesellschaftlichen Konflikte im »Käthchen« (vor allem das Problem des Standes-
unterschieds) in irgendeiner spezifisch historischen Aus-
prägung behandelt werden – abgesehen von der allgemeinen mittelalterlichen Einkleidung. So bleibt zu fragen, ob
das »Käthchen« – wenngleich es nichts mit den historisch-

3. Die Köhlerszenen in den Ritterdramen und wohl auch die im »Käthchen« sind ursprünglich durch Friedrich Schillers »Die Jungfrau von
Orleans« (V,1–6) angeregt.
4. Patriotische Themen besonders der bayerischen und österreichischen
Landesgeschichte sind häufig in Ritterdramen behandelt worden. Die be-
kanntesten historisch-patriotischen Ritterdramen stammen von Joseph
August von Törring (1753–1836) – besonders die »Agnes Bernauerinn«
(1780) – und von Joseph Marius Babo (1756–1822) – besonders sein
»Otto von Wittelsbach« (1782).

patriotischen Ritterdramen gemein hat – vielleicht einem zweiten Typus von Ritterdramen verwandt ist. Über diesen Typus schrieb Adolf H a u f f e n :

»Die große Masse der eigentlichen Ritterstücke weicht aber ganz von dem Historischen ab. Einzelne Dichter verwenden wohl noch irgend einen historischen Namen, einen berühmten Ort usw., bauen aber darauf ein Stück von rein erfundener Fabel auf. Besonders in späterer Zeit, mit dem Beginn der neunziger Jahre, finden wir die eigentlichen Ritterstücke, die ohne historische Anhaltspunkte allgemein mittelalterliche Zustände in romantischer Weise behandeln. [...]
Alle diese Ritterstücke von nicht historischem Inhalt sind einander in ihrer Fabel sehr ähnlich. Der Streit zweier Männer um eine Frau steht immer im Vordergrund.«

Hauffen: Das Drama der klassischen Periode.
T. 1. Stuttgart: Union Deutsche Verlagsgesellschaft [1891]. S. XI f.

Es handelt sich hierbei um trivialdramatische Spektakelstücke[5], die mit den zahlreichen Ritterromanen der damaligen Zeit eng verwandt sind. Solche Romane von Veit Weber (d. i. Leonard Wächter, 1762–1837), Christian Heinrich Spiess (1755–99) oder Karl Gottlob Cramer (1758 bis 1817) hatte Kleist vor Augen, als er am 14. September 1800 aus Würzburg an seine Verlobte Wilhelmine von Zenge schrieb:

»Nirgends kann man den Grad der Kultur einer Stadt und überhaupt den Geist ihres herrschenden Geschmacks schneller und doch zugleich richtiger kennen lernen, als – in den Lesebibliotheken.
Höre was ich darin fand, und ich werde Dir ferner nichts mehr über den Ton von Würzburg zu sagen brauchen.
›Wir wünschen ein paar gute Bücher zu haben.‹ – *Hier steht die Sammlung zu Befehl.* – ›Etwa von Wieland.‹ – *Ich zweifle fast.* – ›Oder von Schiller, Goethe.‹ – *Die möchten hier schwerlich zu finden sein.* – ›Wie? Sind alle

---

5. Zu den erfolgreichsten Produzenten solcher Stücke zählte Friedrich Wilhelm Ziegler (1761–1827), ein Schauspieler am Wiener Burgtheater.

diese Bücher vergriffen? Wird hier so stark gelesen?‹ –
Das eben nicht. – ›Wer liest denn hier eigentlich am mei-
sten?‹ – *Juristen, Kaufleute und verheiratete Damen.* –
›Und die unverheirateten?‹ – *Sie dürfen keine fordern.* –
›Und die Studenten?‹ – *Wir haben Befehl ihnen keine zu
geben.* – ›Aber sagen Sie uns, wenn so wenig gelesen wird,
wo in aller Welt sind denn die Schriften Wielands, Goethes, Schillers?‹ – *Halten zu Gnaden, diese Schriften werden hier gar nicht gelesen.* – ›Also Sie haben sie gar nicht
in der Bibliothek?‹ – *Wir dürfen nicht.* – ›Was stehn denn
also eigentlich für Bücher hier an diesen Wänden?‹ –
*Rittergeschichten, lauter Rittergeschichten, rechts die Ritter-
geschichten m i t Gespenstern, links o h n e Gespenster,
nach Belieben.* – ›So, so.‹ – – «

SW II, 562 f.

Wenn sich Kleist noch im Jahr 1800 so ironisch über den
»Kulturgrad« der Rittergeschichten ausließ, wollte er dann
1807/08 – vielleicht angeregt durch den außerordentlichen
Publikumserfolg der Ritterromane und -dramen – selbst
ein Stück Gebrauchsdramatik produzieren, indem er das
Szenarium und typische Handlungselemente des Ritterdramas im »Käthchen« nachbildete? Die Frage kann nicht
mit einer eindeutigen Antwort entschieden werden. Das
»Käthchen« ist gewiß nicht als Parodie oder Travestie
der *Gattung* Ritterdrama anzusehen, wenngleich es viele
komische oder auch ironisch-parodisierende Elemente enthält, also einzelne Züge des Ritterdramas parodistisch behandeln mag (vgl. dazu bes. die Untersuchungen von
Schwerte, Streller und Grathoff). Solche Elemente sind
enthalten in Theobalds Anklage vor dem Femgericht, in
Strahls Monolog (II,1), in den Köhlerszenen (II,5), in der
Wirtshausszene mit Jakob Pech (III,2), in der Burgbrand-
szene mit den Tanten von Thurneck (III,11) und – mit
Einschränkungen – in der Gottesgerichtsszene (V,1). Dies
alles ergibt aber noch keine Parodie der Gattung, wie auch
überhaupt eine Parodie nicht mit der ›ernstgemeinten‹ Art
der Themenbehandlung (v. a. Problem des Standesunter-
schieds und Erkenntnisproblematik) bei Kleist vereinbar
wäre. Außerdem übernimmt Kleist teilweise das Szenarium des Ritterdramas, ohne es parodistisch distanziert zu
behandeln. Dies ist z. B. bei dem Femgericht der Fall, das

erstmals von Goethe im »Götz« auf die Bühne gebracht wurde[6] und später im Gefolge des Ritterdramas »Das heimliche Gericht«[7] von Ludwig Ferdinand H u b e r (1764–1804) breite Bühnenwirksamkeit erzielte. So geht Kleists Szenenanweisung: »Eine unterirdische Höhle, mit den Insignien des Vehmgerichts, von einer Lampe erleuchtet« (vgl. 5,2 f.) offensichtlich direkt auf Huber zurück:

[Szenenanweisung zum 8. Auftritt]
»Ein großes unterirdisches Gewölbe, von einer in der Mitte hängenden Lampe matt erleuchtet.«

Thalia, hrsg. von Schiller. H. 5 (1788) S. 64.
Reprogr. Nachdruck Bern: Lang 1969

Abgesehen von der Übernahme der Szeneneinrichtung erhält das Femgericht bei Kleist aber inhaltlich eben nicht jene grauslich-geheimnisvolle Funktion, die es sonst in den damaligen Spektakelstücken und -romanen hatte. Kleist setzt es als juristische Instanz im Zusammenhang mit der Erkenntnisfindung ein – ebenso wie er in anderen Werken häufig Gerichtsszenen verwendet (vgl. dazu bes. die Untersuchung von Singer). Dasselbe liegt beim Motiv des Gottesgerichts vor, das auch häufiger in Ritterdramen und -romanen zu finden ist.[8] Dies Motiv wird nicht allein im »Käthchen« – wiederum als juristische Instanz im Zusammenhang mit der Erkenntnisfindung – benutzt, Kleist hat es ebenso in anderen Werken oft gebraucht (vgl. bes. die Erzählung »Der Zweikampf«, SW II, 228 ff. und mehrere Anekdoten aus den »Berliner Abendblättern«, SW II). Somit hat Kleist zwar das äußerliche Szenarium übernommen, dabei aber den inneren Gehalt der übernommenen Motive neu gestaltet (hier nach Maßgabe seines Interesses an der Darstellung der grundlegenden Erkenntnisproblematik). Dies Verfahren ist bei dem Motiv der Giftmischerei von Kunigunde augenscheinlich. Sicherlich hat Kunigunde Züge von der Giftmischerin Adelheid aus Goethes »Götz« geborgt, sie mag auch Züge von der Figur der

---

6. Vgl. Goethe, »Götz«. Reclams UB Nr. 71, S. 107 f.
7. Zuerst anonym erschienen in: Thalia, hrsg. von Schiller, Heft 5, 6 und 9. Leipzig 1788–90.
8. Brahm (a.a.O., S. 71) verzeichnet das Motiv des Gottesgerichts elfmal in Ritterdramen, mehrfach besonders in Stücken von Friedrich Wilhelm Ziegler.

Gräfin Julia Imperiali aus Schillers »Die Verschwörung
des Fiesco zu Genua« oder auch von der Gestalt der Mar-
wood aus Lessings »Miss Sara Sampson« entliehen haben,
worauf in der Forschung mehrfach hingewiesen wurde.
Doch mit ihrer einmaligen oder einzigartigen Häßlichkeit,
die von scheinbarer Schönheit verdeckt ist und deren Erkenntnis dann ja durch den Giftmordanschlag rückgängig
gemacht werden soll, mit diesem Motivationszusammen-
hang sind Kunigunde und ihre Giftmischerei den genann-
ten literarischen Traditionen doch weit entrückt.

Zusammenfassend können wir folgende These formulieren:
Kleist hat das äußerliche Szenarium des Ritterdramas übernommen und einzelne Elemente des Ritterdramas komisch-
distanziert oder auch ironisch parodisierend behandelt.
Gleichwohl ist das »Käthchen« keine Parodie der *Gattung*
Ritterdrama. Ebensowenig aber ist das Schauspiel ein
echtes Ritterdrama; es kann gattungsgeschichtlich nicht in
diese Tradition gerückt werden. Kleist mag aus Gründen
einer erhofften Bühnenwirksamkeit den Untertitel gewählt
und äußerliche szenische und motivische Elemente aufgenommen haben, diesen hat er aber – im Gegensatz zu ihrer traditionellen Verwendung im Ritterdrama – einen
andersartigen inneren Gehalt gegeben.

In gattungsgeschichtlicher Hinsicht wurde zuweilen auch
versucht, das »Käthchen« in Beziehung zur Wiener Volks-
theatertradition zu setzen (zuletzt bes. von Schwerte), weil
Kleist das Schauspiel für eine geplante Aufführung in Wien
bearbeitet habe (vgl. dazu Kap. IV). In diesem Zusammenhang wurden insbesondere die romantisch-komischen
Volksmärchen[9] angeführt, die gegen Ende des 18. Jahrhunderts aus einer Verbindung von Zauberoper und Ritterdrama entstanden waren und auf den Wiener Bühnen große
Verbreitung fanden (vgl. dazu Otto Rommel: Die Alt-
Wiener Volkskomödie. Wien 1952). Der märchenhafte Stoff
des »Käthchens« und die äußerliche Einkleidung ins Ge-
wand des Ritterdramas mag zwar eine Verwandtschaft mit
den romantisch-komischen Volksmärchen nahelegen, ein

---

9. Der bekannteste Vertreter dieser Gattung ist »Das Donauweibchen«
(1792–98) von Karl Friedrich Hensler (1761–1825). Im erweiterten Sinn
wird diese Theatertradition auch mit der Bezeichnung »süddeutsch-
österreichischer Restbarock« gefaßt.

klarer gattungsgeschichtlicher Zusammenhang scheint aber nicht zu bestehen. Die Wiener Stücke greifen selbst zu großen Teilen auf Ritterdramen und -geschichten zurück, so daß unsere diesbezüglichen Ausführungen auch darauf erstreckt werden können. Darüber hinaus kann das »Käthchen« trotz einzelner märchenhaft-zaubermäßiger und komischer Züge doch nicht insgesamt – zumal seinem inneren Gehalt nach – mit dem Genre des komischen Volksmärchenstücks in Einklang gebracht werden. Kleist mag vielleicht allgemeine bühnen- oder szenentechnische Verfahren der Wiener Theatertradition nachgebildet haben, doch können daraus noch keine gattungsspezifischen Verbindungen hergeleitet werden (vgl. dazu die Arbeit von Meyer-Benfey).

2. *Stoffgeschichtliche Beziehungen*

Heinrich M e y e r - B e n f e y (1869–1945) hat in seiner Untersuchung »Das Drama Heinrich von Kleists« auf einen »weitverbreiteten und in zahlreichen Varianten ausgeprägten Märchentypus« als Vorlage für die dramatische Grundkonzeption der Handlung im »Käthchen« hingewiesen. Diesen Märchentypus hat Meyer-Benfey unter der Bezeichnung »Märchen von der echten und der falschen Braut« zusammengefaßt und seine Fabelstruktur folgendermaßen formuliert:

»Ein Königssohn ist mit einem Mädchen verlobt, muß sich aber vor der Heirat von ihr trennen und wird durch einen Zauber dahin gebracht, daß er sie vergißt und einwilligt, eine andre zu heiraten. Inzwischen ist die echte Braut, nachdem sie lange vergeblich gewartet, ihm nachgegangen und lebt in niederer Gestalt unerkannt in seiner Nähe; erst bei der Hochzeit mit der andern wird irgendwie ihre Wiedererkennung und Wiedervereinigung mit dem Geliebten herbeigeführt. Dieses Märchen ist augenscheinlich mit der Grundlage unseres Dramas identisch.«

Meyer-Benfey: Das Drama Heinrich von Kleists. Bd. 2 Kleist als vaterländischer Dichter. Göttingen: Hapke 1913. S. 49

Die Bezeichnung »Märchen von der echten und der falschen Braut« bezieht sich nicht auf ein einzelnes bestimmtes Märchen, sie ist vielmehr »eine bequeme Zusammenfassung für mehrere charakteristisch verschiedene Spielarten« von Märchen (ebenda, S. 145). Es handelt sich also um das Konstrukt eines Märchentypus, den Meyer-Benfey aus verschiedenartigen Märchen abgeleitet hat. Deshalb kann auch kein bestimmtes Märchen als direkte Vorlage für das »Käthchen« nachgewiesen werden, insbesondere konnte Meyer-Benfey keine bestimmte gedruckte Vorlage innerhalb »der bis zu Kleists Zeit veröffentlichten Märchenlitteratur« ausfindig machen. Er vermutet, Kleist habe eher »aus dem reichen Strome der mündlichen Überlieferung geschöpft« (ebenda, S. 144). Jenen Märchentypus, der vielen der mündlich überlieferten Märchen zugrunde lag, hat Meyer-Benfey dann unter anderem im Rückgriff auf die Märchensammlungen der Brüder Grimm[10] rekonstruiert. Von den vielen Märchen aus den »Kinder- und Hausmärchen« der Brüder Grimm, welche Handlungselemente vom Typus »echte und falsche Braut« enthalten[11], sei nur auf »Die wahre Braut« (Grimm Nr. 186) und »Die Gänsemagd« (Nr. 89) hingewiesen. Daneben führte Meyer-Benfey (vgl. S. 49 u. 80) auch andere Handlungteile des »Käthchens« auf Märchentraditionen zurück. Das Motiv der kaiserlichen Herkunft Käthchens kann etwa in Märchen von unerkannten Königskindern, wie z. B. »Allerleirauh« (Nr. 65), wiedergefunden werden. In einigen Märchen wie »Die weiße und die schwarze Braut« (Nr. 135) oder »Brüderchen und Schwesterchen« (Nr. 11) findet sich auch das Motiv der vorgetäuschten Schönheit (durch Zauberei und Hexenkünste wird Häßlichkeit in Schönheit verwandelt), doch hat Kleist dies Motiv derart aggressiv-realistisch zu gestalten versucht, daß die mögliche märchenhafte Grundlage in den Hintergrund getreten ist.

Zusammenfassend kann festgehalten werden, daß die volkstümlich-märchenhafte Fabelstruktur des »Käthchens«

---

10. Diese wurden erst nach Kleists Tod veröffentlicht.
11. Meyer-Benfey (S. 568) führt vor allem die Märchen Nr. 56, 67, 88, 113, 127, 186 und 193 der Brüder Grimm an. Vgl. Brüder Grimm: Kinder- und Hausmärchen [Ausg. letzter Hand]. Hrsg. von Heinz Rölleke. Stuttgart: Reclam i. Vorber.

von Meyer-Benfey sicher zu Recht auf Traditionen des *Volksmärchens* zurückgeführt wurde, wobei aber kein einzelnes Märchen als direkte Quelle, sondern nur der konstruierte Märchentypus »echte und falsche Braut« als ›Stoff- oder Fabellieferant‹ angesehen werden kann. Die spätere Forschung hat sich durchweg auf die Arbeit von Meyer-Benfey gestützt und die Verwandtschaft des »Käthchens« mit dem Volksmärchen meist für naheliegender angesehen als mögliche Beziehungen zum *Kunstmärchen*. Von vereinzelten Hinweisen abgesehen (Röbbeling, S. 98; Braig, S. 283; Streller, S. 134; Grathoff, S. 153) liegt allerdings bisher noch keine eingehende Spezialuntersuchung über das Verhältnis zwischen dem »Käthchen« und dem Kunstmärchen der Aufklärung oder dem Kunstmärchen der Romantik vor.

Ein anderer Teil der »Käthchen«-Fabel, die Liebesbeziehung zwischen einem bürgerlichen Mädchen und einem Adligen, greift thematisch auf einen traditionsreichen Stoff der europäischen Literatur zurück. Das Thema findet sich schon in der Griseldis-Geschichte, die Giovanni Boccaccio (1313–75) im Schlußstück seiner Novellensammlung »Das Decamerone« erzählt. Die Griseldis-Geschichte enthält bereits bei Boccaccio die thematischen Grundzüge der harten Prüfungen für das bürgerliche Mädchen, ihrer demütigen Hinnahme und Hingabe und der endlich glücklichen Vereinigung mit dem adligen Herrn – einschließlich der Emporhebung in den Adelsstand. In diesen Grundzügen ist der Griseldis-Stoff vielfältig variiert in der europäischen Literatur aufgetreten[12] – bis hin zu den rührselig-trivialen Varianten in den Romanen der Hedwig Courths-Mahler (1876–1950).

In den siebziger Jahren des 18. Jahrhunderts griffen die Dichter des Sturm und Drang mehrfach das Thema der Liebesbeziehung zwischen standesverschiedenen Personen auf. Das Interesse war dabei oftmals auf die gesellschaftskritischen Implikationen des Themas gerichtet, die insbesondere in den Leiden eines schwangeren und zum Kindsmord getriebenen Mädchens zur Darstellung gebracht wer-

12. Vgl. dazu Elisabeth Frenzel: Stoffe der Weltliteratur. Stuttgart 1962. S. 219 ff.

den konnten. Der Stoff wurde sowohl in Dramen wie »Die Kindermörderin«[13] von Heinrich Leopold Wagner (1749–79) als auch in Balladen wie z. B. »Des Pfarrers Tochter von Taubenhain«[14] von Gottfried August B ü r g e r (1747–94) gestaltet. Die Ballade, die als thematische Vorlage für das »Käthchen« angesehen werden kann, enthält zwar noch Restbestände des alten Sturm-und-Drang-Themas (ein schwangeres bürgerliches Mädchen wendet sich an den adligen Vater), doch der gesellschaftskritische Realismus, den das Thema besonders in dem Kindsmörderin-Motiv gewonnen hatte, ist in dieser Ballade bereits weitgehend in den Hintergrund getreten. Es handelt sich um G. A. Bürgers Übersetzung der alten englischen Volksballade »Child Waters«, die der englische Geistliche Thomas Percy (1728 bis 1811) in seine Sammlung von mündlich überlieferten altenglischen und schottischen Volksballaden aufgenommen hatte (»Reliques of Ancient English Poetry«. 3 Bde. 1765). Bürgers deutsche Übersetzung von »Child Waters« unter dem Titel »Graf Walter« wurde 1789 zuerst veröffentlicht (im 2. Bd. seiner »Gedichte«. Göttingen 1789. S. 207 ff.). Über die erwähnten – schon weitgehend verblichenen – Beziehungen zum alten Sturm-und-Drang-Thema hinaus wird in Bürgers »Graf Walter« vor allem das Motiv der demütigenden Prüfungen, die dem schwangeren Mädchen vom Grafen auferlegt werden, breit ausgestaltet. Nur dieses Motiv, das dem Griseldis-Stoff verwandt ist, hat Kleist aufgegriffen, so daß im »Käthchen« die Tradition der gesellschaftskritischen Themenbehandlung seit dem Sturm und Drang vollends abgebrochen ist (sie wird nur noch in einer Nebenhandlung, dem Konflikt zwischen Theobald und Strahl, berührt). Das »Käthchen« ist motivisch vor allem an den ersten Teil der Ballade angelehnt, worin erzählt wird, wie das schwangere Mädchen dem Grafen Walter auf seinen Reisen folgt (V. 45–76):

»O Maid, willst du mein Leibbursch sein,
    Und heißen Er statt Sie;

13. Erschienen 1776. Vgl. Reclams UB Nr. 5698 [2], hrsg. von Jörg-Ulrich Fechner.
14. Erschienen 1781. Vgl. G. A. Bürger: Gedichte. Hrsg. von Jost Hermand. Reclams UB Nr. 227, S. 17 ff.

So kürz dein seidnes Röcklein dir
Halb zollbreit überm Knie.

So kürz dein goldnes Härlein dir
Halb zollbreit überm Aug'!
Dann magst du wohl mein Leibbursch sein;
Denn also ist es Brauch.« –

Beiher lief sie den ganzen Tag,
Beiher im Sonnenstrahl;
Doch sprach er nie so hold ein Wort:
Nun, Liebchen, reit einmal!

Sie lief durch Heid- und Pfriemenkraut[15],
Lief barfuß nebenan;
Doch sprach er nie so hold ein Wort:
O Liebchen, schuh dich an! –

»Gemach, gemach, du trauter Graf!
Was jagst du so geschwind?
Ach, meinen armen armen Leib
Zersprengt mir sonst dein Kind.« –

»Ho, Maid, siehst du das Wasser dort,
Dem Brück' und Steg gebricht?« –
»O Gott, Graf Walter, schone mein!
Denn schwimmen kann ich nicht.« –

Er kam zum Strand, er setzt' hinein,
Hinein bis an das Kinn. –
»Nun steh' mir Gott im Himmel bei!
Sonst ist dein Kind dahin.« –

Sie rudert wohl mit Arm und Bein,
Hält hoch empor ihr Kinn.
Graf Waltern pochte hoch das Herz;
Doch folgt' er seinem Sinn.

Bürger: Gedichte. Hrsg. von A. Sauer. Berlin
u. Stuttgart: Spemann o. J. S. 262 f.

15. *Pfrieme:* Name von stechenden Pflanzen.

Von einigen, allerdings entfernten motivischen Anklängen
abgesehen, ist der zweite Teil der Ballade dem »Käthchen«
lediglich noch durch die allgemeine thematische Grund-
struktur verwandt, wobei jedoch die bewußt demütigende
Behandlung des »Grafen Walter« von den oft selbstauf-
erlegten Demütigungen im »Käthchen« unterschieden ist
und die einzelnen Details der ›Prüfungen‹ voneinander
abweichen – bis das geduldige Mädchen bei Bürger schließlich von ihrem adligen Herrn mit »Tauf' und Hochzeit«
in einem beglückt wird.

In der Forschung wurde gelegentlich auch auf andere
Volksballaden hingewiesen, in denen das Thema der Liebe
und Heirat zwischen einem bürgerlichen Mädchen und
einem Adligen vorkommt. So hat z. B. Wukadinović (S.
26 ff.) auf die Ballade »Lord Heinrich und Käthchen« hingewiesen, die wegen der Namensgleichheit auffallend erscheinen mag. Doch über allgemeine thematische Beziehungen hinaus weist nur Bürgers »Graf Walter« auch engere
motivische Berührungspunkte auf. Zudem kann in diesem
Fall als gesichert gelten, daß Kleist mit Bürgers Gedichten
vertraut war, wie andere Entlehnungen im »Käthchen« be-
zeugen (vgl. Kap. I, Anm. zu 70,18; 78,19 f. u. 89,23).

3. Motivgeschichtliche Beziehungen

Friedrich Röbbeling hat in seiner Arbeit »Kleists Käthchen
von Heilbronn« (bes. S. 81–89) geltend gemacht, daß das
Motiv des Doppeltraums (vgl. die Traumerzählungen in II,9
und IV,2) auf Christoph Martin Wieland zurückginge.
Kleist hat Wielands Werke mit Sicherheit genau gekannt,
was schon aus anderen Entlehnungen im »Käthchen« hervorgeht (vgl. Kap. I, Anm. zu 29,1; 36,35 ff.; 45,4 f.; 80,28;
94,12–14). Das Motiv des Doppeltraums findet sich mehrfach in Werken von Wieland, so im »Oberon« als Doppeltraum von Hüon und Rezia (vgl. 3. Gesang, V. 58–65 und
4. Gesang, V. 46–50), in der Märchenerzählung »Idris und
Zenide« (nach J. Schmidt, S. 247) und vor allem in der Märchendichtung »Sixt und Klärchen oder Der Mönch und die
Nonne auf dem Mädelstein«, die Röbbeling als nahelie-
gendste Vorlage für das »Käthchen« anführte.

Im »Zweiten Gesang« von »Sixt und Klärchen« führt
W i e l a n d den Doppeltraum ironisch als deus-ex-machi-
na-Eingriff zur Rettung von Sixt und Klärchen ein:

> O, ist denn zwischen Erd' und Himmel
> Kein Engel, sie zu retten, da?
> [...] – Ach, der Fall ist da,
> Wo nur ein Gott ex machina
> Uns helfen kann. Sei's um ein Wunder!

Wieland's Werke. Zwölfter Theil. Berlin:
Hempel o. J. S. 26

Das »Wunder« bewerkstelligen dann die Schutzgeister von
Sixt und Klärchen:

> »Ein Traum« – spricht Clärchens Genius
> Zu Sixtens – »denkst Du nicht, dies brächte
> Die Sach' am Ehesten zum Schluß?
> Versuchen wir's die nächsten Nächte!«
> Sie senden also, mit Bedacht,
> Stracks in der ersten Osternacht,
> [...]
> Zwei Träume, die so gleich sich sahn
> Wie neugeborne Zwillingsbrüder.
> Mit schlummertriefendem Gefieder
> Läßt einer sich auf Sixten nieder;
> Der andre schmiegt, wie Leda's Schwan,
> Sich sanft an Clärchen's Busen an.
> Auf einmal stellt der Traum sich ihnen
> Gleich einem jungen Cherub dar,
> [...].
> Drei Nächte nacheinander träumten
> Die Liebenden den gleichen Traum.

Ebenda, S. 26 ff.

Es kann somit als durchaus wahrscheinlich angesehen werden, daß Kleist durch Wieland zum Motiv des Doppeltraums angeregt wurde. Röbbeling hat darüber hinaus jedoch nachzuweisen versucht, daß Kleist auch grundsätzliche
Vorstellungen und Konzeptionen von Wieland in das
»Käthchen« übernommen habe. So sollen Wielands Konzept
der wechselseitigen »Sympathie« zweier Menschen und die

von ihm mehrfach behandelte platonische Idee der sog.
›Hälftenliebe‹ (bei Platon besonders im »Symposion«) vor-
bildhaft für die Gestaltung der Beziehung zwischen Strahl
und Käthchen gewirkt haben. Diese Vermutung von Röbbeling erscheint jedoch abgelegen, weil im »Käthchen« jede
tiefergreifende Motivierung in Richtung auf Wielands
»Sympathie«-Konzept bzw. auch die Idee der Hälftenliebe
fehlt. Zwar finden sich einzelne sprachliche Übereinstimmungen (vgl. die entsprechenden Anm. in Kap. I) mit Wielands Schrift »Sympathien« (1754) und seinen »Erzählungen« (1752), die Röbbeling anführt, doch diese lassen
keineswegs irgendeine konzeptionelle Übereinstimmung
erkennen. Ebensowenig kann wohl aus einer einzigen Formulierung im »Käthchen«: »der bloße *sympathetische* Zug
des Herzens« (vgl. 80,28), geschlossen werden, Kleist habe,
nur weil Wieland das Wort »sympathetisch« oft gebrauchte,
daran gedacht, die Beziehung zwischen Strahl und Käthchen im Sinn einer wechselseitigen »Sympathie«-Beziehung
zu gestalten.

Röbbeling hat den mutmaßlichen Rückgriff auf Wieland
u. a. deshalb so sehr betont, weil er dadurch andersartige
Quellenvermutungen entkräften wollte, die von der vor-
aufgegangenen Forschung mit Vehemenz vorgetragen worden waren. Diese bezogen sich auf das Motiv des *Somnambulismus*, welches durch Schriften des romantischen Naturphilosophen Gotthilf Heinrich S c h u b e r t (1780–1860)
vermittelt sein sollte. Unter Somnambulismus wird heute
zumeist einfach ein Zustand der Schlafwandlerei verstanden, also etwa der Zustand, den Kleist im 1. Auftritt des
»Homburg« mit dem träumenden und nachtwandelnden
Prinzen von Homburg gestaltet hat (vgl. SW II,631 ff.).
Schubert unterschied in seinen Schriften jedoch klar zwischen der einfachen Nachtwandlerei und dem eigentlichen
Somnambulismus. Über die Nachtwandlerei schrieb er:

»Die Nachtwandler wissen mit zugedruckten Augen Alles
was um sie ist, so deutlich, als ob sie es am hellen Tage
sähen, sie schreiben, wandeln mit einer ungemeinen Ge-
schicklichkeit, verrichten die künstlichsten Handlungen ohne
sich der Sinnen zu bedienen.«

Schubert: Ahndungen einer allgemeinen Geschichte des Lebens. 1. Theil. Leipzig: Reclam
1806. S. 326

Gegen diese mehr oder minder alltägliche Erscheinung grenzte er den eigentlichen Somnambulismus ab, worunter er den Zustand eines sog. »magnetischen Schlafes«, d. h. eines hypnotischen Schlafes verstand. Mit Somnambulismus ist also sowohl hypnotische Empfänglichkeit oder Veranlagung, als auch der Zustand der Hypnose gemeint. Das medizinische Verfahren des »Magnetisierens« oder Hypnotisierens beschrieb S c h u b e r t in der 13. Vorlesung seiner »Ansichten von der Nachtseite der Naturwissenschaft« (gehalten im Winter 1807/08, veröffentlicht im Herbst 1808):

»Der Somnambulismus kündigt sich sogleich als eine mit dem gewöhnlichen Daseyn nicht unmittelbar zusammenhängende Erscheinung an. Denn obgleich die Somnambülen mit der größten Lebendigkeit und Klarheit auf alle ihnen vorgelegte Fragen antworten, und in jeder Hinsicht witziger sinn- und geistreicher erscheinen als jemals im Wachen, [...] bleibt doch von diesem allen bey dem Erwachen noch weniger zurück, als von dunklen Träumen.
Und doch ist es so vielmehr als ein gewöhnlicher Traum [...]. Ja der Somnambulismus scheint alles das was im Wachen unser ist, in einem vorzüglich hohen Grade in sich zu vereinigen. Die magnetisch Schlafenden erinnern sich nicht allein aller Umstände, die ihnen während des Wachens begegneten, [...] so daß sie in Zeiten zurück, wohin die gewöhnliche Erinnerung nicht reicht, die kleinsten Begebenheiten [...] angeben können; sondern wir sehen sie auch außer den zusammenhängenden Gesprächen wie sie nur im Wachender zu führen vermag, während des Somnambulismus in dem Zimmer, und sogar außer dem Hause herumgehen [...].
Alle Sinnen sind in diesem Zustand in einer solchen Schärfe zugegen, wie sonst nie im Wachen.«

Schubert: Ansichten von der Nachtseite der Naturwissenschaft. Dresden: Arnold 1808. S. 334 f. Reprogr. Nachdruck Darmstadt: Wissenschaftliche Buchgesellschaft 1967

Der beschriebene Zustand hat eine auffallende Ähnlichkeit mit dem von Käthchen in der Holunderstrauchszene (IV,2), wo sie im Schlaf auf die Fragen von Strahl ant-

wortet. Diese Darstellung ist wohl mit Sicherheit durch
Schubert angeregt worden. Zwar sind seine »Ansichten von
der Nachtseite der Naturwissenschaft« erst im Herbst 1808
erschienen, als das »Käthchen« schon abgeschlossen war (zu
Datierungsfragen vgl. Kap. IV), doch kann Kleist die
Vorlesungen schon im Winter 1807/08 in Dresden gehört
haben, ebenso kann er einzelne Hinweise in den vorher
erschienenen »Ahndungen einer allgemeinen Geschichte des
Lebens« von Schubert gefunden haben (vgl. dazu Grathoff,
S. 154 ff.). Auf jeden Fall aber dürfte Kleist durch mündliche
Berichte von Schubert informiert gewesen sein, denn in seiner
Selbstbiographie (1855) erinnert sich S c h u b e r t , daß er
in Kleists Dresdener Bekanntenkreis von seinen Studien über
den Somnambulismus berichtet habe:

»Denn namentlich für Kleist hatten Mitteilungen dieser
Art so viel Anziehendes, daß er gar nicht satt davon werden konnte und immer mehr und mehr derselben aus mir
herauslockte [...].«

Lebensspuren, Nr. 196

Im Hinblick auf die Holunderstrauchszene ergibt sich jedoch die Frage, ob Käthchens Zustand dem der einfachen
Nachtwandlerei vergleichbar sei, wie es die einleitenden
Worte von Strahl nahelegen (»daß sie ... immer träumt,
und ... im Schlaf spricht«, vgl. 81,5 f.), oder ob Käthchen
sich dort in einer Art von ›magnetischem‹ Schlaf befinde
und von Strahl wie von einem ›Magnetiseur‹ (Hypnotiseur) befragt werde (vgl. dazu Kap. I, Anm. zu 81,9 f.).
Letztere Möglichkeit ist in der späteren Rezeptionsgeschichte häufig hervorgehoben worden (vgl. schon eine entspre-
chende Szenenanweisung von Franz Holbein, Kap. V), so
daß Käthchen oft als echte Somnambule angesehen worden
ist und dadurch in den Zusammenhang mit einer krankhaften Veranlagung gebracht wurde. Anhaltspunkte dafür
glaubte man wiederum in der 13. Vorlesung von Schuberts
»Ansichten« finden zu können, worin von der »tiefen«
und »sonderbaren Sympathie« zwischen der »Somnambüle«
und dem »Magnetiseur« die Rede ist (vgl. a.a.O., S.
344 ff.). Diese Spekulationen gingen so weit, daß man einen
Bericht des Arztes Eberhard Gmelin (1753–1809) über die
Krankengeschichte einer zwölfjährigen Heilbronner Rats-

herrntochter (»Geschichte einer magnetischen Schlafrednerin«), aus der auch Schubert zitierte (a.a.O., S. 344 f.), zum Anlaß nahm, in jenem Heilbronner Mädchen, einer gewissen Lisette Kornacher, das ›Urbild‹ für das Käthchen von Heilbronn zu vermuten (vgl. zusammenfassend E. Schmidts Einleitung, Werke, Bd. 2, S. 174). Solche Spekulationen greifen viel zu weit, weil weder hinreichende Anhaltspunkte für einen krankhaften Somnambulismus bei Käthchen zu finden sind, noch die Beziehung zwischen Strahl und Käthchen als eine zwischen ›Magnetiseur‹ und ›Somnambule‹ interpretiert werden kann. Strahl selbst ist durch ›träumerische‹ Veranlagungen gekennzeichnet (vgl. Kap. I, Anm. zu 45,8 und 45,32–46,5) und kann nicht als irgendeine Art von Hypnotiseur angesehen werden. Deshalb kann ohne spekulative Überspitzung nur festgehalten werden, daß Kleist lediglich das Motiv der ›einfachen‹ Nachtwandlerei – wie später auch im »Homburg« – von Schubert übernommen hat.

IV. Dokumente zur Entstehungsgeschichte

Die überlieferten Zeugnisse lassen darauf schließen, daß Kleist im Spätherbst 1807 mit·der Arbeit am »Käthchen« begann, das Stück bis Anfang Juni 1808 in einer ersten Fassung abschloß und es danach – bis zur Buchausgabe (Sept. 1810) – noch einmal oder mehrfach umarbeitete (vgl. die sorgsamen Datierungsuntersuchungen von Kreutzer, S. 168 ff.). Es gibt keinen zuverlässigen Anhaltspunkt dafür, daß Kleist schon vor 1807 am »Käthchen« gearbeitet hat, wie es z. B. von Wolff (s. Kap. VII,3) angenommen wurde.

Kleist erwähnte das Stück zuerst in einem Brief an Marie von Kleist, der er zuvor (Dresden, Spätherbst 1807) Auszüge aus der »Penthesilea« geschickt hatte:

> »Jetzt bin ich nur neugierig, was Sie zu dem Käthchen von Heilbronn sagen werden, denn das ist die Kehrseite der Penthesilea, ihr andrer Pol, ein Wesen, das ebenso mächtig ist durch gänzliche Hingebung, als jene durch Handeln.«

SW II,797

Nach einer fragwürdigen Überlieferung des Kleist-Biographen Eduard von B ü l o w (1803–53) soll Kleist das »Käthchen« lediglich aus enttäuschter Liebe gedichtet haben (Bülow: H. v. Kleists Leben und Briefe. Berlin 1848):

> »Er lernte in dem Körnerschen[1] Hause ein reiches und liebenswürdiges junges Mädchen [Julie Kunze] kennen, mit dem ihn bald eine gegenseitige Neigung verband. Es schien ihrer Verbindung eine Weile nichts im Wege zu stehen, und dessenungeachtet zerschlug sie sich an dem bloßen Verlangen Kleists, daß ihm die Geliebte ohne des alten Körners, ihres Vormunds oder Oheims Vorwissen schreibe. Sie schlug es ab, er wiederholte seine Bitte nach drei Tagen, in denen er sie nicht besuchte, darauf nach ebensovielen Wochen und Monaten und löste zuletzt das Verhältnis auf diese Weise völlig.

---

1. Christian Gottfried Körner (1756–1831), ein Freund Friedrich Schillers, hat auch am »Phöbus« mitgearbeitet.

Nach dem Bruche begann er das Käthchen von Heilbronn zu dichten, und ward dazu gewissermaßen von dem schmerzlichen Bedürfnisse angetrieben, seiner ungetreuen Geliebten beispielsweise an seiner Heldin zu zeigen, wie man lieben müsse. Die Annahme, daß eine andere Dame [Dora Stock] seine Verbindung zumeist aus Abneigung gegen ihn gestört habe, vermochte ihn zugleich, ihren Charakter so sehr ins Schwarze und Häßliche auszumalen, daß daraus die Übertreibung seiner Kunigunde entstand.«

Lebensspuren, Nr. 269

Während der Arbeit am »Käthchen« schrieb Kleist in einem Brief vom 14. Februar 1808, er sei – »außer der Penthesilea« – »im Besitz noch zweier Tragödien« (SW II,810), womit der »Guiskard« und vielleicht das »Käthchen« gemeint sein können, doch wäre es gewagt, aus dieser Briefstelle zu folgern, das Stück sei ursprünglich als Tragödie geplant worden. Jedenfalls dürfte Kleist das Werk Anfang Juni 1808 abgeschlossen haben, als er es dem Tübinger Verleger Johann Friedrich Cotta (1764–1832) anbot (Dresden, 7. 6. 1808):

»Ob Ew. Wohlgeb. den Verlag eines *Taschenbuchs* übernehmen wollen, wozu ich Denselben jährlich ein Drama im Manuskript, und Zeichnungen von Hr. Hartmann², der Szenen daraus darstellen will, überliefern würde. Ich würde, in diesem Jahre, das *Käthchen von Heilbronn* dazu bestimmen, ein Stück, das mehr in die romantische Gattung schlägt, als die übrigen.«

SW II,813

Die erste Fassung des »Käthchens« legte Kleist im Juli 1808 Ludwig Tieck (1773–1853) vor. Nach Tiecks Erzählung fertigte Eduard von B ü l o w folgenden Bericht an (1848):

»Nachdem Kleist das Käthchen von Heilbronn geschrieben und Tieck mitgeteilt hatte, sprachen und stritten sie mannigfach darüber und sagte Tieck ihm unter anderen eine Meinung über eine merkwürdige Szene, die das ganze Stück

2. Ferdinand Hartmann (1774–1842), ein Dresdener Maler, der auch Zeichnungen für den »Phöbus« anfertigte.

gewissermaßen in das Gebiet des Märchens oder Zaubers
hinüberspielte. Kleist mißverstand diese Äußerung als Ta-
del, vernichtete die Szene, ohne daß Tieck eine Ahnung
davon hatte, und als dieser sie in der Folge im Druck
vermißte, konnte er nicht aufhören, darüber sein Bedauern auszusprechen, weil sie die karikierte Häßlichkeit
Kunigundens weit besser motiviert und sie in ein besseres
Licht gerückt habe.
Dieser Szene gemäß wandelte Käthchen im vierten Akt
auf dem Felsen und erschien ihr unten im Wasser eine
Nixe, die sie mit Gesang und Rede lockte. Käthchen wollte
sich herabstürzen, und wurde nur durch eine Begleiterin
gerettet. Vorher belauschte sie Kunigundens badende Häßlichkeit und war außer sich vor Angst, wie sie den Ritter
vor dem Ungeheuer errette. Aus dieser Schilderung des Bil-
des erinnerte sich Tieck noch des schönen Verses:

>Da quillt es wieder unterm Stein hervor.<«

Lebensspuren, Nr. 272

Karl August B ö t t i g e r erinnerte sich in der »Dresdner
Abendzeitung« (15. 12. 1819):

»Heinrich v. Kleist ... vollendete das Käthchen von Heilbronn während seines Aufenthaltes in Dresden im Jahre
1808, las hier seine Dichtung im vertrauten Kreise mehr-
mals vor [...]. Seine vertrauten Freunde sprachen fast alle
dem regellosen, nach Goethes Götz gebildeten Erzeugnis
die Bühnenfähigkeit ab [...].«

Lebensspuren, Nr. 268

Zur damaligen Zeit wurde ein Honorar für eine Bühnen-
aufführung nur gezahlt, solange das Stück noch nicht veröffentlicht war. Diesen Zusammenhang berührte Kleist in
einem zweiten Brief an den Verleger Cotta (Dresden,
24. 7. 1808):

»Was das *Taschenbuch* betrifft, so übergebe ich mich damit nunmehr, so wie mit allem, was ich schreibe, ganz und
gar in Ew. Wohlgeboren Hände. Wenn ich *dichten* kann,
d. h. wenn ich mich mit jedem Werke, das ich schreibe,
so viel erwerben kann, als ich notdürftig brauche, um ein
zweites zu schreiben; so sind alle meine Ansprüche an dieses

Leben erfüllt. Das Schauspiel, das für das Taschenbuch bestimmt ist, wird, hoff ich, in Wien aufgeführt werden. Da bisher noch von keinem Honorar die Rede war, so hindert dies die Erscheinung des Werkes nicht; inzwischen wünschte ich doch, daß es so spät erschiene, als es Ihr Interesse zuläßt. Ich bitte also, mir gefälligst [...] den äußersten Zeitpunkt vor Michaeli[3] zu bestimmen, da Sie das Manuskript zum Druck in Händen haben müssen.«

SW II,814

In den folgenden Monaten bemühte sich Kleist, das Stück an verschiedene Bühnen zu verkaufen. An seine Schwester Ulrike schrieb er (Dresden, August 1808):

»Ich habe jetzt wieder ein Stück, durch den hiesigen Maître de plaisir, Grf. Vizthum[4], an die Sächsische Hauptbühne verkauft, und denke dies, wenn mich der Krieg[5] nicht stört, auch nach Wien zu tun; doch nach Berlin geht es nicht, weil dort nur Übersetzungen kleiner französischer Stücke gegeben werden; und in Kassel ist gar das deutsche Theater ganz abgeschafft und ein französisches an die Stelle gesetzt worden. So wird es wohl, wenn Gott nicht hilft, überall werden. Wer weiß, ob jemand noch, nach hundert Jahren, in dieser Gegend deutsch spricht.«

SW II,815

Für eine Aufführung in Wien setzte sich der österreichische Dichter Heinrich Joseph von C o l l i n (1771–1811) ein, dem Kleist eine schon bearbeitete Fassung des »Käthchens« schickte (Dresden, 2. 10. 1808):

»Das Käthchen von Heilbronn, das ich für die Bühne bearbeitet habe, lege ich Ew. Hochwohlgeb. hiermit ergebenst, zur Durchsicht und Prüfung, ob es zu diesem Zweck tauglich sei, bei.
Indem ich noch bitte, mir, wenn es Ihren Beifall haben,

---

3. Das kath. Michaelifest wird am 29. September begangen; hier mit Blick auf die jährliche Buchmesse im Herbst gebraucht.
4. Karl Graf von Vizthum, Direktor (»Maître de plaisir«) des Dresdener Königlichen Theaters. Eine Aufführung in Dresden kam zu Kleists Lebzeiten nicht zustande.
5. Im Herbst 1808 rüstete Österreich zum Krieg gegen Frankreich; der von Kleist erhoffte Krieg brach jedoch erst im April 1809 aus.

und die Bühne es an sich zu bringen wünschen sollte, diesen Umstand gefälligst bald anzuzeigen, damit mit dem
Druck, in Tübingen bei Cotta, der das Werk in Verlag
nimmt, nicht vorgegangen werde [...].«

SW II,817

Aus Kleists folgendem Brief an Collin geht hervor, daß
das Stück – für 300 Gulden Honorar – in Wien angenommen worden war, daß es jedoch für die Aufführung nochmals von Collin bearbeitet und gekürzt werden sollte
(Dresden, 8. 12. 1808):

»Das Käthchen von Heilbronn, das, wie ich selbst einsehe,
notwendig verkürzt werden muß, konnte unter keine
Hände fallen, denen ich dies Geschäft lieber anvertraute,
als den Ihrigen. Verfahren Sie ganz damit, wie es der
Zweck Ihrer Bühne erheischt. Auch die Berliner Bühne[6],
die es aufführt, verkürzt es; und ich selbst werde vielleicht noch, für andere Bühnen, ein Gleiches damit vornehmen. – Wie gern hätte ich das Wort von Ihnen gehört,
das Ihnen, die Penthesilea betreffend, auf der Zunge zu
schweben schien! Wäre es auch gleich ein wenig streng
gewesen! Denn wer das Käthchen liebt, dem kann die
Penthesilea nicht ganz unbegreiflich sein, sie gehören ja
wie das + und – der Algebra zusammen, und sind ein
und dasselbe Wesen, nur unter entgegengesetzten Beziehungen gedacht.«

SW II,818

Nachdem Kleist Ende 1808 die »Hermannsschlacht« vollendet hatte, verglich er die politische Tendenz dieses Werkes in seinen Briefen mehrfach mit dem »Käthchen«. So
schrieb er, im Vergleich mit der »Hermannsschlacht« sei
das »Käthchen« auf einem dem politischen Zeitgeschehen
»entfernten Standpunkt gedichtet« (SW II,820). Auch
meinte er, das Stück werde »wenig Interesse finden«, weil
»es keine solche Beziehung auf die Zeit« wie die »Hermannsschlacht« habe (SW II,828 f.).

6. Im Winter 1808/09 bemühte sich der Major Otto Friedrich Ludwig
von Schack (1763–1815) um eine Berliner Aufführung, die jedoch nicht
zustande kam. Im Sommer 1810 reichte Kleist nochmals ein Manuskript
des »Käthchens« beim Berliner Theater ein (vgl. unten sowie Kap. V).

Erst 1810 nahm Kleist die Korrespondenz mit Cotta wieder auf und schickte ihm ein Manuskript des Stücks (Frankfurt a. M., 12. 1. 1810):

»Ew. Wohlgeboren

habe ich die Ehre, Ihrem Brief vom 1. Juli 8 gemäß, das Käthchen von Heilbronn zu überschicken. Mehrere Reisen, die ich gemacht, sind schuld, daß ich das Versprechen, es zum Druck zu liefern, erst in diesem Jahre nachkomme. Ich erhielt einen Brief von Hr. v. Collin, kurz vor dem Ausbruch des Kriegs, worin er mir schreibt: die Rollen wären ausgeteilt, und es sollte unmittelbar, auf dem Theater zu Wien, gegeben werden. Weiter weiß ich von seinem Schicksal nichts. Es steht nun in Ew. Wohlg. Willen, ob es in Taschenformat, oder auf andere Weise, erscheinen soll: obschon mir ersteres, wie die Verabredung war, lieber wäre. Ich würde, wenn es Glück macht, jährlich eins, von der romantischen Gattung, liefern können.«

SW II,830

Kurz darauf erkundigte sich Kleist in einem Brief an Collin nach der geplanten Wiener Aufführung (Gotha, 28. 1. 1810):

»Ebenso lebhaft interessiert mich das Käthchen von Heilbronn, das Sie die Güte hatten, für die Bühne zu bearbeiten. In demselben, schon erwähnten Briefe schrieben Sie: die Rollen seien ausgeteilt, und alles zur Aufführung bereit. Ist es aufgeführt? Oder nicht? Und wird es noch werden?«

SW II,831

Am 17. März 1810 wurde das »Käthchen« am Wiener Theater an der Wien uraufgeführt (Wiederholungen am 18. und 19. März). Der Aufführung lag wahrscheinlich das – gegenüber der Phöbus-Fassung schon bearbeitete – Manuskript zugrunde, das Kleist am 2. Oktober 1808 an Collin geschickt hatte und das Collin nochmals bearbeiten und kürzen wollte. Stolze (S. 10) vermutet darüber hinaus, daß der Schauspieler Franz Grüner (um 1780 bis 1845), der in Wien die Rolle Strahls spielte, die Bearbeitung und Inszenierung vornahm. Über den Inhalt der Aufführung berichtete Franz Karl W e i d m a n n anonym in »Der Sammler«, Wien, 22. März 1810:

»*Wien.* – Am 17. März wurde im k.k. priv. Theater an der Wien zum ersten Male: *Das Kätchen von Heilbronn*, ein Schauspiel in 5 Aufzügen, von Heinrich *v. Kleist*, gegeben. Dieses Theaterstück soll ein romantisches Gemälde der Liebe eines Bürgermädchens aus Heilbronn darstellen, das, von diesem Gefühle unaufhaltsam hingerissen, einem Grafen *Wetter von Strahl* überall auf dem Fuße folgt. Der verlassene Vater hält diese ungewöhnliche Erscheinung für Wirkung der Zauberkraft, und klagt den Grafen vor der heiligen Vehme an. Diese untersucht im ersten Akte diese Anklage, und spricht den Grafen, der sich durch einen interessanten Dialog mit dem Mädchen rechtfertigt, von aller Schuld frei. Der Graf befiehlt nun der Dirne, zu ihrem Vater zu ziehen, und er selbst zieht in das Land, um dem Ausbruche angesponnener Fehden zuvorzukommen. In einer stürmischen Nacht befreit er seine Feindin, die Freifrau von Thurneck, aus den Händen seines Freundes, des Burggrafen von Freyburg. Die Nacht hinderte ihn, zu unterscheiden, mit wem er das Abenteuer zu bestehen habe. Im Kampfe fällt der Burggraf, stirbt auf der Bühne – und erscheint doch am Schlusse des Schauspiels wieder! – Die Freifrau von Thurneck, eine mannssüchtige, heillose Giftmischerin, gewinnt durch anscheinende Großmut das Herz des Grafen von Strahl in einem solchen Grade, daß er sie zu ehelichen beschloß. Indessen schmiedete sie an seinem Untergange, ihre Verbündeten sollten des Nachts seine Burg erstürmen, und ihre Zofe dem Grafen und seinen Angehörigen Gift mischen. Die Befehlsbriefe wurden aber durch Zufall verwechselt, und gerieten in die Hände eines Waldbruders, bei dem Kätchen sich eben aufhielt. Diese sandte er mit dem Briefe an den Grafen, und hintertrieb auf diese Art den Anschlag. Die Burg wurde dennoch angezündet. Kätchen rettet mit edler Aufopferung der Freifrau von Thurneck ein Kästchen mit einem Bilde und anderen Kostbarkeiten. Das Haus stürzt über dem Mädchen zusammen; ein in der Luft schwebender Genius! erhält sie aber am Leben, und bringt sie unversehrt aus den Flammen. Ein Genius meldet es auch dem Grafen, daß er eine Fürstin heiraten würde, und er selbst erfährt von dem,

Heute Samstag den 17 März 1810.

wird in dem k. k. pr. Schauspielhaus an der Wien
gegeben:

Zum ersten Mahl:

Das Käthchen von Heilbronn.

Ein Schauspiel in fünf Aufzügen.

Von Heinrich von Kleist.

Personen:

Der Herzog von Schwaben —	Hr. Müller.
Friedrich Wetter, Graf von Strahl —	Hr. Grüner.
Helena, seine Mutter —	Mad. Rothe.
Eleonore,) ihre Gesell- —	Mad. Spiri.
Philippine,) schaftsdamen —	Mlle Segatta.
Ritter-Flammberg, sein Vasall —	Hr. Frey.
Gottschalk, sein Knecht —	Hr. Esche.
Kunigunde, Freifrau von Thurneck —	Mad. Perinet.
Rosalie, ihre Kammerzofe —	Dlle. Grünwald.
Theobald Friedeborn, Bürger aus Heilbronn —	Hr. Scholz.
Käthchen, seine Tochter —	Mad. Pedrillo.
Maximilian, Burggraf von Freiburg —	Hr. Schmidtmann.
Georg von Waldstätten, sein Freund —	Hr. Klees.
Ritter Schauermann, sein Vasall —	Hr. Leeb.
Der Rheingraf vom Stein —	Hr. Demmer.
Friedrich von Herrnstadt) seine —	Hr. Rereni.
Eginhardt von der Wart) Freunde —	Hr. Rey.
Graf Otto von der Flühe, Richter des heimlichen Gerichts —	Hr. Stohmann.
Ein Köhler —	Hr. Segatta.
Ein Köhlerjunge —	Franz Esche.
Ein Diener —	Hr. Helmböck.
Ein Wächter —	Hr. Steinbauer.

Richter des heimlichen Gerichts. Ritter. Trabanten.
Pagen. Reißge. Häscher. Bediente. Boten und Volk.

Die Handlung spielt in Schwaben.

Der Anfang ist um halb 7 Uhr.

Der Theaterzettel der Wiener Uraufführung

im Garten schlafenden Kätchen, – daß er unaussprechlich
geliebt sei. Am Schlusse erscheint der Herzog von Schwaben, erklärt Kätchen für seine Tochter, und als die Vermählung der Freifrau von Thurneck schon vor sich gehen
sollte und sie im vollen Prunke als Braut erschien, erklärt
sie der Burggraf von Freyburg dieser Ehre unwürdig, und
holt Kätchen, als Fürstin gekleidet, zum Traualtare. Die
Giftmischerin wird zum Kerker verdammt. [...]«

Lebensspuren, Nr. 352

Aus Weidmanns Bericht und dem Personenverzeichnis des
Theaterzettels (vgl. Abb.) können einige Rückschlüsse auf
die Textgestalt der Aufführung gezogen werden. Aus
Zensurgründen wurde wahrscheinlich der Kaiser zum Herzog von Schwaben degradiert, der Erzbischof gestrichen
und vielleicht auch die Klostergangszene (III,1), wie Stolze
(S. 10) vermutet. Vermutlich fehlte auch noch das Motiv
der körperlichen Häßlichkeit Kunigundes (evtl. die Badegrottenszenen IV,4–8) oder wurde in der Bearbeitung getilgt. Denn Weidmann berichtet nur, daß Kunigunde am
»Untergange« Strahls »schmiedete« und ihm und »seinen
Angehörigen« einen Giftmordanschlag zudachte, nicht aber
Kätchen. Auf dem Theaterzettel fehlt der Gastwirt Jakob
Pech, so daß die Szene III,2 entfallen sein könnte, ebenso
fehlten wahrscheinlich die »Tanten von Thurneck« noch
(vgl. Kap. I, Anm. zu 50,2), vor allem aber ist Brigitte
nicht aufgeführt. Demzufolge könnte die Szene II,9 mit
der Erzählung des Silvesternachtstraums noch gefehlt haben und müßte von Kleist erst nach Absendung des Manu-
skripts (am 2. 10. 1808) in eine nochmals überarbeitete
Fassung – vielleicht für die Buchausgabe – eingefügt worden sein.
Das Manuskript, das Kleist am 12. Januar 1810 an Cotta
geschickt hatte (vgl. dazu auch Brief Nr. 158, SW II,832),
forderte er zurück, als Cotta den Druck nicht übernehmen
wollte. Kleist an Cotta. Berlin, 1. April 1810:

»Aus Ew. Wohlgeboren Schreiben vom 22. Feb. d. ersehe
ich, daß Dieselben das Käthchen von Heilbronn, im Laufe
dieses Jahres, nicht drucken können. Da mir eine so lange
Verspätung nicht zweckmäßig scheint, so muß ich mich um

einen anderen Verleger bemühen, und ich bitte Ew. Wohlgeb. ergebenst, mir das Manuskript mit der Post zuzuschicken.«

SW II,833

Cotta beantwortete den Brief am 11. April 1810; Kleist dürfte das Manuskript also Ende April 1810 erhalten haben (vgl. SW II,1001). Anschließend reichte er es noch einmal beim Berliner Nationaltheater ein (vgl. Anm. 6) und bemühte sich danach um einen anderen Verleger. Seinem Berliner Verleger Georg Andreas Reimer (1776–1842) schrieb er (Berlin, 10. 8. 1810):

»Wollen Sie mein Drama, das Käthchen von Heilbronn, zum Druck übernehmen? Es ist den 17. 18. und 19. März, auf dem Theater an der Wien, während der Vermählungsfeierlichkeiten[7], zum erstenmal gegeben, und auch seitdem häufig, wie mir Freunde sagen, wiederholt worden. Ich lege Ihnen ein Stück, das, glaube ich, aus der Nürnberger Zeitung ist, vor, worin dessen Erwähnung geschieht. Auch der Moniteur und mehrere andere Blätter, haben darüber Bericht erstattet. Die hiesige Zeitungsredaktion hat den inliegenden Artikel[8] abgedruckt, und von ihr ist es, daß ich ihn erhalten habe.«

SW II,835 f.

Am selben Tag forderte Kleist das Manuskript von August Wilhelm Iffland (1759–1814), dem Direktor des Berliner Nationaltheaters, zurück (vgl. SW II,836), woraus sich dann eine Kontroverse mit Iffland entwickelte (vgl. dazu Kap. V). Am 12. August schickte Kleist das Manuskript an Reimer (vgl. SW II,837), korrespondierte mit ihm noch über die Drucklegung und das Honorar (vgl. SW II,838 f.) – Reimer zahlte 75 Taler Honorar für das »Käthchen« (vgl. Lebensspuren, Nr. 367) – und Ende September 1810 erschien dann die Buchausgabe.

7. Die Vermählung von Napoleon mit Marie Louise von Österreich fand bereits am 1. Februar 1810 statt, die Aufführung des »Käthchens« erfolgte *nicht* zu dieser Gelegenheit, wie auch später noch häufig behauptet wurde.
8. Vgl. die Notiz in der »Vossischen Zeitung« (Berlin, 12. 4. 1810): Lebensspuren, Nr. 354a; sowie den Bericht im »Moniteur« (Paris, 2. 5. 1810): Lebensspuren, Nr. 356. (Vgl. auch Kap. V.)

Später äußerte Kleist noch einmal seine Unzufriedenheit
mit dem »Käthchen« in einem Brief an Marie von Kleist
(Berlin, Sommer 1811):

»Das Urteil der Menschen hat mich bisher viel zu sehr
beherrscht; besonders das Käthchen von Heilbronn ist voll
Spuren davon. Es war von Anfang herein eine ganz treffliche Erfindung, und nur die Absicht, es für die Bühne
passend zu machen, hat mich zu Mißgriffen verführt, die
ich jetzt beweinen möchte.«

SW II,874

Der Literaturhistoriker Franz H o r n (1781–1837), der in
Berlin mit Kleist bekannt war, berichtete später von Kleists
Plänen, eine nochmalige Umarbeitung vorzunehmen (Horn:
Geschichte und Kritik der schönen Literatur. Berlin 1819):

»[...] Zweitens fühlte der mit sich selbst sehr strenge
Dichter gar wohl das Ungenügende in dem letzten Drittel
des Stückes, und hatte den Plan gefaßt, es umzuarbeiten.
Dann sollte auch noch zur gänzlichen Beruhigung gewissermaßen ein zweiter Teil folgen. Hier sollte endlich der Graf,
durch irgendein – vielleicht nur leises – Wort, Käthchen
dergestalt verletzen, daß *sie* nun *ihn* fliehen *müßte*. Kaum
aber flieht sie ihn, so fühlt er mit unendlicher Gewalt, wie
sehr er an ihr gesündigt und was er in ihr verloren habe.
Ihre Schmerzen, obwohl die tiefsten, waren doch immer
harmonisch und graziös; wir zweifeln, daß die *seinigen*
sich würden *so* gestaltet haben können. Dennoch geneset er
in jenen Schmerzen zu höherer sittlicher Reinheit und
Würde, sie *darf* ihm am Schlusse vergeben: und das tiefe
Glück der geläutertsten innigsten Liebe schließt das Ganze
harmonisch.
Das wollte der mutig ringende, edle Dichter; doch die
dunkle Stunde endete unsere Hoffnung.«

Lebensspuren, Nr. 393

V. Dokumente zur Wirkungsgeschichte

Die Wirkungsgeschichte des »Käthchens« ist in Helmut Sembdners Sammlungen der »Lebensspuren« und des »Nachruhms« (s. Kap. VII,1) gründlich dokumentiert. Im folgenden wird eine Auswahl charakteristischer Dokumente aus diesen Sammlungen wiedergegeben, wobei versucht wird, durch Hinzuziehung neuer Dokumente und durch erläuternde Hinweise auf Querverbindungen verschiedene Rezeptionsstränge im 19. Jahrhundert zu skizzieren. Die Dokumentation ist dabei maßgeblich an der Aufführungsgeschichte orientiert, die zugleich eine Geschichte von Bearbeitungen ist (vgl. dazu die Untersuchungen von Stolze und Zigelski). Kein anderes Werk von Kleist hat im 19. Jahrhundert eine so breite und kontinuierliche Rezeption erfahren wie das »Käthchen«. Wußte man von Kleists Leben noch 1876 so wenig, daß in diesem Jahr (statt 1877) sein 100. Geburtstag gefeiert wurde, so war er doch längst als der »Dichter des Käthchen von Heilbronn« allgemein bekannt. Dennoch kam das Werk erst in jenem Gedenkjahr 1876 nahezu im Originaltext auf die Bühne; für zahllose Aufführungen während der 6 vorangegangenen Jahrzehnte war es stets bearbeitet und dadurch beträchtlich verändert worden. Die hier ausgewählten Dokumente sollen nachzeichnen, daß den Bearbeitungen vor allem zwei Einwände gegen das »Käthchen« zugrunde liegen: der erste ist ästhetischer Art und führt die Bearbeiter dazu, das Motiv der körperlichen Häßlichkeit Kunigundes zu tilgen. Der zweite ist politischer Art und führt zur Veränderung des Motivs von Theobalds vermeintlicher Vaterschaft. Ein vom Kaiser zum Hahnrei gemachter Bürger sollte nicht auf der Bühne erscheinen. Durch diese Eingriffe wird zugleich die grundlegende Erkenntnisproblematik (besonders das Problem der Erkenntnis von Schönheit und Häßlichkeit), die den Gehalt des Schauspiels mit bestimmt, nicht bloß verändert, sondern nahezu eliminiert. Die Dokumentation soll also skizzieren, wie das »Käthchen« mit bestimmten Rezeptions-Interessen zusammentraf und ›im bürgerlichen Zugriff des 19. Jahrhunderts‹, wie man zusammenfassend sagen könnte, solchen Interessen angepaßt wurde.

Nicht allein aus Raumgründen, sondern vor allem aus inhaltlichen Erwägungen wird darauf verzichtet, in gleicher Weise die Aufführungs- bzw. Bearbeitungsgeschichte im 20. Jahrhundert zu dokumentieren. Statt dessen werden nur wenige markante Urteile aus dem 20. Jahrhundert wiedergegeben, die besonders in Hinblick auf den heutigen Stand der literaturwissenschaftlichen Diskussion über das »Käthchen« (und der theaterpraktisch orientierten Diskussion) ausgewählt sind. Solche Urteile aus dem 20. Jahrhundert sind deshalb unter dem Titel »Texte zur Diskussion« im Kap. VI zusammengefaßt, das zugleich als Fortsetzung dieses Kapitels zur Wirkungsgeschichte (dort: im 20. Jh.) gelesen werden kann.

Das Phöbus-Fragment

Karl August B ö t t i g e r bedachte die Phöbus-Hefte mit mehreren bissigen Rezensionen. Das 4. und 5. Stück des »Phöbus«, worin das erste Fragment aus dem »Käthchen« veröffentlicht wurde, besprach er anonym in der Berliner Zeitschrift »Der Freimüthige« vom 10. und 11. Juni 1808:

»In Nr. 12 ... spendet Hr. von Kleist uns abermals ein Fragment, – deren überhaupt doch wohl zuviel in diesem Hefte sein möchten – und zwar diesmal von einem halb in Prosa, halb in Jamben gedichteten Schauspiele: Käthchen von Heilbronn, oder die Feuerprobe. Dies muß ein Zug- und Kassenstück werden; denn gleich der erste Akt spielt in einer unterirdischen Höhle, wo das Vehmgericht haust, welches eben in seiner ganzen fürchterlichen Düsternheit versammelt ist. Hr. von Kleist scheint sich, wie der zerbrochene Krug besagt, nun einmal in die Gerichtsszenen besonders einstudiert zu haben; denn der ganze erste Akt enthält auch hier die Anklage gegen Graf Wetter vom Strahle – ein gewaltiger Name – dessen Verteidigung und Konfrontation mit Käthchen von Heilbronn, sowie endliche Absolvierung. [...] Romantisch ist die Anlage des Ganzen gewiß, wenn man darunter unbegreiflich versteht. [...] Doch wir wollen über den Plan aus einem Fragmente nicht richten. Die unendliche Ergebung Käthchens an den Grafen, die Demut gegen ihn im Verhör, rühren gewiß jedes Gemüt, nur sind sie zu lang ausgesponnen, und oft die Rede zu zerstückelt, wie überhaupt an vielen Stellen die öftern kurzen Fragen, Wiederholungen usw. einen unangenehmen Eindruck machen. Der Monolog des Grafen, womit der 2. Akt sich anfängt, und der zwei enggedruckte Quartseiten lang ist, verdirbt wieder all die angenehmen Empfindungen, die man vielleicht aus einigen Stellen des letzten Auftritts mit herübergebracht hat [. . .].«

Lebensspuren, Nr. 267

Die Lektüre der beiden Phöbus-Fragmente bereitete Clemens Brentano (1778–1842) »ungemeines Vergnügen« (vgl. Lebensspuren, Nr. 346 u. 376). Anders urteilte Friedrich de la Motte F o u q u é (1777–1843); er schrieb an Karl August Varnhagen von Ense (Nennhausen, 26. 9. 1808):

»Das Käthchen von Heilbronn, ein andres Fragment darin [im ›Phöbus‹], ist mir hingegen sehr widrig erschienen, jedoch höre ich, daß eben dieses bei seinen Freunden den rauschendsten Beifall finden soll.«

Lebensspuren, Nr. 289b

Dies Urteil weicht von der Bewunderung ab, die Fouqué sonst dem Werk seines Freundes Kleist entgegenbrachte. Nach Kleists Tod fand er jedoch anerkennende Worte auch für das »Käthchen« (vgl. Nachruhm, Nr. 261a u. 526c).

Die Wiener Uraufführung

Franz Karl W e i d m a n n fügte an seine Inhaltsangabe der Wiener Aufführung (vgl. Kap. IV) noch einige kritische Bemerkungen zum Stück an (anonym in: Der Sammler, Wien, 22. 3. 1810):

»Man sieht es dem Ganzen an, daß dieses Schauspiel nichts anders als ein ziemlich unzusammenhängendes Gerippe einer Rittergeschichte sei, bei dem man sehr oft von der Kette der Ideenverbindung losgerissen wird. Viel Sonderbares liegt in Käthchens und ihres Grafen Charakteren, und obschon sie nicht vom Dichter ihre Vollendung erhielten, so wußte sie doch das anziehende Spiel der Mad. Pedrillo und des Hrn. Grüner[1] interessant zu machen. Das

1. Vgl. Kap. IV.

ist aber auch alles; denn die übrigen Rollen gleichen bloßen
Entwürfen, die der Zufall zusammengetragen hat. Auch die
Sprache ist hier und da nicht anständig genug, z. B. der
Ausdruck: ›Geh', Narr! der du bist‹ – und da, wo der
Graf dem Bürgermädchen seine Gefühle aufdeckt, versteigt
er sich so sehr in das Gebiet der Mythologie, daß er gewiß
nicht verstanden werden konnte. Ein Teil des Publikums
ergötzte sich an dem bunten Wechsel der Dekorationen,
am Kostüme, und an dem unbegreiflichen Zusammenhang
der Szenen; der gebildetere Teil wünschte dem Dichter
einen solidern Geschmack, Konsequenz, und Studium des
Horaz'schen Briefes an die Pisonen².«

Lebensspuren, Nr. 352

Auch andere Berichte sprechen von dem Publikumserfolg
der drei Aufführungen und dem »sehr geteilten Beifall«
der Kritik (vgl. Lebensspuren, Nr. 354 a/b). Während der
Pariser »Moniteur« das Schauspiel in eine Reihe mit trivialdramatischen Erfolgsstücken stellt (vgl. Lebensspuren,
Nr. 356), hebt ein Bericht der »Österreichischen Annalen
der Literatur und Kunst« (Wien 1810) den Unterschied
zu den »gewöhnlichen Ritterstücken« hervor:

»Das Theater an der Wien gab ›Käthchen von Heilbronn‹,
Schauspiel in fünf Aufzügen von Heinrich v. Kleist. Obgleich der ›Jungfrau von Orleans‹ ängstlich treu nachgebildet, zeichnet es sich doch vor den gewöhnlichen Ritterstücken vorteilhaft aus und behauptet unter allen in diesem Jahr erschienenen neuen Darstellungen (die der Hof-
theater ingerechnet) den ersten Rang.«

Lebensspuren, Nr. 355

Friedrich S c h l e g e l (1772–1829) besprach die Aufführung anonym im »Österreichischen Beobachter« vom 28.
März 1810:

»Einen auffallenden Beweis von der Macht der Schauspiel-
kunst gewährte das ›Käthchen von Heilbronn‹; ein Stück

---

2. Der 14 v. Chr. veröffentlichte Lehrbrief von Quintus Horatius
Flaccus (65–8 v. Chr.) wurde später separat als »De arte poetica«
(Von der Dichtkunst) ediert (vgl. Reclams UB Nr. 9421). Die Anspielung zielt wohl auf den Begriff des organisch-ganzheitlichen Kunstwerks in Horaz' Ästhetik.

ohne innre Kraft und Einheit ward durch die vortreffliche Darstellung des Helden und der Heldin (die andern Rollen gehören alle zu den undankbaren) so gehoben, daß es wenigstens stellenweise eine dramatische Wirkung hervorbrachte und die Betrachtung erregte, was nicht aus der dramatischen Kunst und der deutschen Schaubühne werden könnte, wenn so vieles Vorhandene nur zweckmäßig benutzt und mit Kraft auf *ein* Ziel gelenkt würde. Ein Held, schwankend zwischen der Magie der wahren Liebe, der Unschuld eines scheinbar geringen Mädchens, und dem falschen Gaukelspiel einer Lasterhaften, könnte schon ein glücklicher dramatischer Stoff sein, und gern wollten wir dem Dichter Donnerwetter und Feuersbrünste, Engel und Vehmrichter, Zweikampf und Nacht, Gift und Hochzeit nebst allen übrigen ritterlichen Zubehör gestatten; wenn er diese poetischen Freiheiten nur als *Dichter* gebrauchte, jenen dramatischen Stoff auch *dramatisch* mit Kunst, mit Verstand im Gebiete der Phantasie ausgeführt hätte.

Daß dies nicht geschehen, konnte auch die meisterhafte Darstellung des Grafen Wetter von Strahl und die täuschende Natürlichkeit des Käthchens nicht im ganzen, nur *stellenweise* vergessen machen; und daß sie das vermochten, ist schon Lob genug für ihre Kunst.«

Lebensspuren, Nr. 353

Der junge Justinus K e r n e r (1786–1862) ging in einem späteren Bericht auf die Kürzungen und entstellenden Veränderungen der Aufführung ein (anonym in: Nordische Miszellen, Hamburg, 19. 8. 1810):

»Einige Bemerkungen über Wien im Winter 1810

Nicht ohne Betrübnis sieht man, wie diese herrlichen Schauspielhäuser [am Kärnther-Tor, in der Burg und an der Wien] samt ihren trefflichen Schauspielern meistens zu niedern Zwecken gemißbraucht werden ... Nicht ohne Betrübnis sieht man weiter, wie allen noch bessern Stücken, ehe sie auf diesen Theatern erscheinen, die Flügel beschnitten oder gänzlich ausgerissen werden, wodurch sie oft ein gar konfuses Ansehen erleiden. Eine solche Beschneidung erlitten: das Kätchen von Heilbronn, die Braut von Messina, Hamlet, die Räuber, wo aus dem alten Vater Mohr gar ein Oheim gemacht wurde, usw.

Der erste Schauspieler für ernsthafte romantische Rollen, den Wien besitzt, ist Grüner. In der Rolle des Grafen Wetter vom Strahle, im Kätchen von Heilbronn, von Kleist, hat er seine Meisterschaft aufs herrlichste an Tag gelegt. Dieses romantische Spiel, obgleich, wie es hier gegeben wird, ohne Zusammenhang und wahrscheinlich sonst noch sehr entstellt, wird durch sein und der Madame Pedrillo Spiel zu einer recht herrlichen Erscheinung gemacht ...

Madame Pedrillo ist lieblich, wo sie nur erscheint ... Als Kätchen, im Kätchen von Heilbronn, steht sie recht ob aller Kritik. Sie ist klein und lieblich gebauet, ihre Stimme weich, voll Wohllaut.«

Lebensspuren, Nr. 351a

Eine Ablehnung von Iffland

Schon im Winter 1808/09 hatte sich Kleist durch Vermittlung des Majors von Schack (vgl. Kap. IV, Anm. 6) um eine Aufführung in Berlin bemüht. Im Sommer 1810 reichte er das Stück nochmals bei August Wilhelm Iffland, dem Direktor des Berliner Nationaltheaters, ein (vgl. Kap. IV). Als er das Manuskript für die Drucklegung bei Reimer benötigte, erbat er es am 10. August 1810 von Iffland zurück (vgl. SW II,836). Über diese und die folgenden Vorgänge berichtete Friedrich de la Motte F o u q u é in einem Brief an Varnhagen von Ense (Nennhausen, 11. 10. 1810):

»Weißt Du denn schon die herrliche Geschichte mit Iffland und Kleist? – Dieser schickt jenem sein Käthchen von Heilbronn zur Aufführung ein. Iffland antwortet lange gar nicht. Endlich schreibt ihm Kleist: er möge ihm das Manuskript zum Behuf einer freundschaftlichen Mitteilung zurücksenden, nachher stehe es ihm wieder zu Diensten. Dadurch denkt er ihn zu einer Erklärung zu kriegen. Der grobe Edelmütige aber wickelt das Manuskript in Löschpapier, und so findet es Kleist des Abends ohne Billett auf seinem Tische. Tages darauf erfährt Kleist, daß Iffland einem dritten gesagt hat: Das Käthchen gefalle ihm nicht, und was ihm nicht gefalle, führe er nicht auf. Nun wird Kleist grimmig und schickt ihm folgenden Zettel [12. Aug.

1810]: Durch Herrn Hofr. Römer erfahre ich, daß Ew. Wohlgeboren mein in Wien am Vermählungstage der Kaiserin von Frankreich mit Beifall gegebenes Schauspiel, das Käthchen von Heilbronn, nicht gefällt. Es tut mir leid, daß es ein Mädchen ist. Wenn es ein Junge wäre, würde es Ihnen besser gefallen. Heinrich von Kleist. –«

Lebensspuren, Nr. 365a

Das erwähnte Billett (abgedruckt SW II,836) erzielte mit seiner versteckten Anspielung auf die Homosexualität, die Iffland vom Berliner Stadtklatsch nachgesagt wurde, schnell die beabsichtigte Wirkung in der Öffentlichkeit. In einem Artikel der »Nordischen Miszellen« (21. 10. 1810) heißt es, mit dem Billett, »welches nachher im Publikum zirkulierte«, habe Kleist »sich eben nicht auf die delikateste Weise zu rächen gesucht« (vgl. Lebensspuren, Nr. 415). Iffland schrieb zunächst in einem zurückweisenden Antwortbrief, daß er »die bedeutenden dramatischen Anlagen ehre, welche diese Arbeit dartut, daß aber das Stück in der Weise und Zusammenfügung, wie es ist, auf der Bühne sich nicht halten könne« (vgl. Lebensspuren, Nr. 365b). Doch später gelang es Iffland sogar, ein Verbot sämtlicher Theaterkritiken in der von Kleist herausgegebenen Zeitung »Berliner Abendblätter« zu erwirken. Auch nach Kleists Tod wurde noch mehrfach auf diese Vorgänge hingewiesen – als Beispiel für die Ablehnung, die Kleist zu seinen Lebzeiten erfahren mußte (vgl. Lebensspuren, Nr. 490a sowie Nachruhm, Nr. 78 und 521).

Die Buchausgabe

Wilhelm G r i m m (1786–1859), der jüngere der Brüder Grimm, veröffentlichte in der »Zeitung für die elegante Welt« (Leipzig, 29. 10. 1810) anonym eine ausführliche Besprechung der Buchausgabe:

»Alle Dramatiker, welche nach Schiller unter uns aufgetreten sind, haben entweder ihren Vorgänger unglücklich nachgeahmt, oder in mystische Abenteuerlichkeiten sich verirrt oder den fruchtlosen Versuch gemacht, durch rhetorische Behandlung frappanter Stoffe das hervorzubringen, was nur dem dichterischen Geist allein vorbehalten ist ...

Wir glauben nicht zu viel zu sagen, wenn wir behaupten,
daß der Verfasser dieses großen Ritterschauspiels der erste
und einzige ist, welcher wahren Beruf zeigt, und daß er
weiß, was er will und soll, und der auch wirklich kann,
was er will. Am unzweideutigsten erhellt dieses, nach unserer Meinung, vornehmlich daraus, daß das ganze Werk
durchweg aus *einem* Gusse ist; daß alles sich leicht und
natürlich auf seinen Mittelpunkt bezieht; daß nirgends
eine Spur sich findet von gekünstelter Zusammensetzung,
von fremdartigen Zusätzen, von spielenden Ausschmückun-
gen. Wie die erste Szene, so die letzte – alles ist in *einem*
Geist; im ersten Akte ist das Ganze schon im Kleinen,
gleichsam im Keime, enthalten, aus dem es allmählich zu
einer herrlichen Größe heranwächst. Dies alles beweist, daß
das Drama ein wahrhaftes, aus tiefster Begeisterung ent-
sprungenes Werk ist. Und, wie sich eigentlich von selbst
versteht, der Gegenstand spricht durch sich selbst, stellt
sich selber unmittelbar dar; in lebendiger Gegenwart wird
er vor die Phantasie hingezaubert, daß sie ihn gleichsam
umfassen, sich in ihm verlieren *muß*. Alles ist voll Leben
und Bewegung, alles hat Leib und Seele, und charakter-
losen Luftgestalten, solchen Schwindeleien, wie die Aftermystik erzeugt hat, begegnet man nirgends. Und doch
sind die beiden Hauptmomente, worauf das Drama sich
stützt, mystischer Art – zwei Träume nämlich, die sich
wechselseitig beglaubigen, und auf diese mystische Beglau-
bigung begründet sich eine Behauptung mit einer Zuversicht,
als sei von einer unmittelbaren gewissen Erfahrung die
Rede – und diese entscheidende Behauptung endlich bewährt sich durchaus als wahr und gegründet. Schon aus
dieser allgemeinen Andeutung läßt sich auf die Kühnheit
dieser Dichtung schließen, die auch, wenn nicht alles Vor-
hergehende außerordentlicher Art wäre, und auf etwas
noch Höheres die Erwartung spannte, in das gemein Abenteuerliche fallen und sich keinen Glauben erwerben würde.
Was den Dichter den Glauben verbürgt, ist teils äußerer
Art, wie wunderähnliche Begebenheiten, teils innerer Art,
und diese inneren Motive sind es eigentlich allein, die die
Phantasie gleichsam gefangennehmen, und, indem sie dem
geheimen Wunsche in jeder menschlichen Brust entsprechen,
durch das Gefühl mit fortreißen.

Das

Käthchen von Heilbronn

oder

die Feuerprobe

ein großes historisches Ritterschauspiel

von

Heinrich von Kleist.

Aufgeführt auf dem Theater an der Wien
den 17. 18. und 19. März 1810.

Berlin,
in der Realschulbuchhandlung,
1810.

Titelblatt der ersten Buchausgabe

Ob nun aber in der wirklichen Darstellung auf der Bühne diese märchenhafte Dichtung glaubhaft erscheinen wird? – Diese Frage getrauen wir uns kaum zu bejahen – wenigstens nicht bei dem gegenwärtigen Zustande unserer Bühnen, die nur für das gewöhnliche Schauspiel tauglich und für alle die Dramen nicht gemacht sind, wo die Dichtkunst sich in die höheren Sphären der Phantasie mit kühnerm Fluge aufschwingt. Es wäre zu wünschen, jene Traumgesichte hätten sich mehr veräußern lassen, etwa durch eine bildliche Erscheinung, wie z. B. die schöne des Cherubs ist, des Beschützers in den Flammen. Denn die bloße Erzählung, und sei sie auch noch so meisterhaft, ist nicht imstande, tief genug zu wirken, um einen so wichtigen Traum der Phantasie von der Bühne herab fest einzuprägen – und wenn der Dichter den Traum zum zweitenmal einer Schlummernden, die im Schlaf zu reden gewohnt ist, gesprächsweise abfragen läßt, und zwar sieben Seiten durch, so möchte diese Erfindung, so schön sie auch zum Ganzen stimmt und so bedeutsam sie ist, für das Theater nicht gemacht sein.

Da es vornehmlich unsere Absicht ist, auf den hohen Wert dieses Schauspiels aufmerksam zu machen, so enthalten wir uns, in das einzelne zu gehen, und von der Idee und dem Gange des Stücks etwas zu sagen, das überhaupt durch keine Zergliederung sich erschöpfen läßt, sondern selbst genossen sein will – eine Eigentümlichkeit, die es mit jedem echten Dichterwerke gemein hat. [...]«

Lebensspuren, Nr. 369

Auf Grimms Besprechung, insbesondere auf seine Abgrenzung von der trivialen oder unechten »Aftermystik«, wurde nach Kleists Tod noch mehrfach Bezug genommen, und zwar im Zusammenhang mit der Auseinandersetzung um einen Artikel von Friedrich Weisser (im »Morgenblatt«, 27. 12. 1811), worin Kleists Selbstmord zum Anlaß für eine Polemik gegen sein Werk und die ganze »berüchtigte romantisch-mystische Schule«, der er angehören sollte, genommen wurde (vgl. dazu Nachruhm, Nr. 24 bis 31). Friedrich W e i s s e r (1761–1836), der besonders als satirischer Epigrammdichter hervortrat, hatte die Buchausgabe zuvor schon kritisch besprochen (anonym in Cot-

tas »Morgenblatt für gebildete Stände«, Tübingen, 18. 12.
1810):

»Bei Lesung der ersten Blätter dieser Ritter-Tragödie
glaubten wir, eine Parodie auf den romantischen Schnick-
schnack unsrer Zeit zu finden. Bald aber ward es uns gewiß, daß es dem Hrn. v. Kleist barer, brennender Ernst
sei. Der Stoff möchte noch ergiebig genug sein; die ganze
Anlage aber und besonders der Ausdruck: Nein! etwas
Tolleres ist uns seit des im Frieden entschlafenen Cramers
›Haspar a Spada‹[3] nicht wieder vorgekommen. [. . .]«

Lebensspuren, Nr. 373

Im Schlußteil seiner Besprechung führte Weisser einige
Stellen aus dem »Käthchen« an, die »auf wahre Geistes-
zerrüttung deuten«, wie er meinte (vgl. ebenda). Diese
Ansicht teilten mehrere Rezensenten: der Schriftsteller und
Theaterkritiker Friedrich Wilhelm Gubitz (1786–1870)
schrieb, das Schauspiel sei »unterhaltend für alle, die mit
der Vernunft fertig geworden sind« (Lebensspuren, Nr.
372); der Stuttgarter Schriftsteller Georg Reinbeck (1766
bis 1849) zählte das Werk zu dem »aftermystischen Wahn-
sinn, den eine neuere Kunstschule (wenn man sie so nennen darf) uns als das Höchste gern aufschwätzen möchte«
(Lebensspuren, Nr. 375). Ebenso setzte sich eine anonyme
Rezension im »Allgemeinen Deutschen Theater-Anzeiger«
(Leipzig 1811) von dem positiven Urteil Wilhelm Grimms
ab:

»Der Verfasser, den wir aus seinem Lustspiele Amphitruo
als einen talentvollen und originellen Dichter kennenlern-
ten, hat in dem vorliegenden Stücke den seltsamen Versuch gemacht, diese seine Originalität auf das Abenteuer-
lichste zu karikieren, und man wird häufig in der Tat
irre, ob es bei einem wirklich gesunden Gemützustande
verfaßt ist, so sehr treiben sich einzelne Schönheiten mit
den widersinnigsten Ausgelassenheiten in einem tollen Ge-
mische durcheinander. Die Phantasie scheint sich von der
Herrschaft der Vernunft ganz befreit zu haben, und die

---

3. Ein blutrünstiger, trivialliterarischer Ritterroman von Carl Gottlob
Cramer (vgl. Kap. III,1), 1792 f. erschienen.

Diktion besonders beurkundet eine solche poetische Trunkenheit, daß man sich des Lachens, nachdem das erste Erstaunen vorüber ist, durchaus nicht erwehren kann. Aus diesem Grunde könnte das Stück vielleicht, als seine eigene Selbsttravestie, Effekt erreichen; so wie wir es dann in der Tat für einen Scherz auf Kosten der geneckten Leser, und die lobpreisende Rezension [von Grimm] in der Zeitung für die elegante Welt für eine boshafte Satire halten.«

Lebensspuren, Nr. 371

Schon in den ersten Rezensionen der Buchausgabe kristallisierte sich also das wichtige Problem heraus, ob das »Käthchen« vom romantisch-mystischen (bzw. gar krankhaften) Gedankengut geprägt sei. Diese Fragestellung hat die Diskussion über Kleists Werk bis heute angeleitet. Im Zusammenhang damit haben besonders die Urteile von Goethe und Hegel, teils auch das von Solger eine nachhaltige Wirkung auf die spätere Rezeptionsgeschichte gehabt (vgl. deren Äußerungen in Kap. VI,1). Der Philosoph und Kunsttheoretiker Karl Wilhelm Ferdinand S o l g e r (1780 bis 1819) äußerte sich schon kurz nach dem Erscheinen der Buchausgabe erstmals über das »Käthchen« (sein späteres Urteil vgl. Kap. VI,1). Er schrieb an den Historiker Friedrich von Raumer (Frankfurt a. d. O., 31. 12. 1810):

»Ich muß Ihnen sagen, daß ich Kleist sehr lieb gewonnen habe, seitdem ich seine Erzählungen und Käthchen von Heilbronn gelesen habe. Besonders in dem letzten steckt ein großer Fonds von poetischem Geist. Manches darin kann ich geradezu vortrefflich nennen. Ich bin gewiß nicht zu freigebig mit solchen Urteilen, aber ich muß ihm Gerechtigkeit widerfahren lassen.«

Lebensspuren, Nr. 378

Die Äußerungen von G o e t h e sind nur durch Berichte aus zweiter Hand überliefert, die teilweise als zweifelhaft angesehen werden müssen. Am zuverlässigsten ist eine Aufzeichnung von Johann Daniel Falk (1768–1826) über ein Gespräch mit Goethe von Ende 1810 (Falk: Goethe aus näherm persönlichen Umgange dargestellt. Leipzig 1832):

»›Das Käthchen von Heilbronn‹, fuhr er fort, indem er sich zu mir wandte, ›da ich Ihre gute Gesinnung für Kleist

kenne, sollen Sie lesen und mir die Hauptmotive davon
wiedererzählen. Nach diesem erst will ich einmal mit mir
zurate gehen, ob ich es auch lesen kann. Beim Lesen seiner
Penthesilea bin ich neulich gar zu übel weggekommen.‹«

Lebensspuren, Nr. 384

F a l k selbst setzte sich nachdrücklich für Kleist ein, besonders mit Rücksicht auf die weitverbreitete öffentliche
Ablehnung (in: Urania, Taschenbuch für 1812; Herbst 1811
erschienen):

»[...] Dagegen, wie verkehrt, wie kalt, wie wenig för-
dernd, wie lieblos ist fast alles, was dieser junge Dichter,
bis jetzt, über seine Produkte öffentlich erfahren hat! Und
doch, wieviele Köpfe sind denn dermalen in Deutschland
noch übrig, die auch nur eine Seite – was Seite? – die auch
nur eine Periode, mit dieser Anmut, mit dieser Originalität, mit dieser Neuheit, mit diesem Feuer im Ausdruck, mit
dieser zugleich zarten und ungestümen Glut eines echten
shakespearschen Pinsels, wie Kleist im Kätchen von Heilbronn zu schreiben imstande sind? Mag es sein, daß er in
diesem Produkt, wie in allen seinen übrigen, die Grenzen
der Motive überschreitend, zuweilen *an das Barocke streift:*
soll uns denn ein einziger Fehler des trefflichen Mannes
gegen alle übrige Vorzüge, die er besitzt, blind, und der
Mittelmäßigkeit, an der heutzutage fast aller öffentliche
Weihrauch wie in Pfennigsgaben verräuchert wird, hold
und geneigt machen? [...]«

Lebensspuren, Nr. 390a

Kennzeichnend für einen Teil der späteren Rezeption im
19. Jahrhundert mögen – bei aller Hochschätzung des
Werks – die Vorbehalte gegen die Kunigunde-Gestalt sein.
Jakob G r i m m (1785–1863), der ältere der Brüder Grimm,
schrieb 1811 an Achim von Arnim, daß »die ganze Ein-
schiebung der Kunigunde, nebst allem was daraus entstanden, elend, ja gemein geraten« sei (Lebensspuren, Nr. 380).
Franz H o r n (vgl. Kap. IV) urteilte nicht ganz so scharf
(in: Heidelbergische Jahrbücher der Literatur. 1812):

»[...] Gehen wir jetzt zu den Charakteren über, so dürfen wir ohne Scheu behaupten, daß der des Heilbronner

Käthchens durchaus neu, und in seiner Neuheit vollendet
sei. Ferner, daß wir ihr Verhältnis zu dem Grafen von
Strahl für ein rein poetisches, noch *nie* gezeichnetes halten.
Hier ist es, wo wir den wahrhaften Dichter erkennen
[...] Kunigundens Charakter, mit dem es dem Verf. ein
hoher Ernst gewesen zu sein scheint, ist dagegen so stark
und grell ausgezeichnet worden, daß man ihn *dafür* fast
lieber verwischt und verwaschen wünschen möchte; denn in
der Tat, so wie er jetzt dasteht, ist er widrig und hart,
und es könnte dabei gar leicht jene Empfindung erregt
werden, die leider nicht vermieden werden kann, wenn die
Phantasie mit der Magenhaut kollidiert. Wir müssen ferner
bemerken, daß fast jede Szene, in welcher Käthchen *nicht*
erscheint, ohne den gehörigen Fleiß, ja sogar ohne Fülle
von Liebe, behandelt worden ist [...].«

Lebensspuren, Nr. 392

Die Bearbeitung von Franz Holbein

Zu Kleists Lebzeiten folgten nach der Wiener noch Aufführungen in Graz (26. 12. 1810) und in Bamberg (1. 9.
1811), von denen Kleist allerdings keine Kenntnis bekam.
In Bamberg wurde das »Käthchen« erstmals in einer Bearbeitung von Franz Holbein inszeniert. Das Bühnenbild
(vgl. Abb.) entwarf E. T. A. H o f f m a n n (1779–1822),
der an den Berliner Verleger Julius Eduard Hitzig schrieb
(Bamberg, 28. 4. 1812):

»Sie können denken wie mich das Kätchen begeistert hat;
nur drey Stücke haben auf mich einen gleichen tiefen Eindruck gemacht – das Kätchen – die Andacht z[um]
K[reuze] und Romeo und Julie[4] – sie versetzten mich in
eine Art poetischen Somnambulismus in dem ich das Wesen der Romantik in mancherley herrlichen leuchtenden
Gestaltungen deutlich wahrzunehmen und zu erkennen
glaubte! – Das Kätchen ist hier nur Theilweise gut [...]
gegeben worden.«

Hoffmann: Briefwechsel. Hrsg. von Friedrich
Schnapp. Bd. 1. München: Winkler 1967. S. 335

4. Das Drama »Die Andacht zum Kreuz« (1643) von Pedro Calderón
de la Barca (1600–81) – in der Übersetzung von A. W. Schlegel – war
1811 in Bamberg aufgeführt worden. Eine Aufführung von Shakespeares
»Romeo und Julia« war geplant.

*E. T. A. Hoffmann: Tuschzeichnung für das Bühnenbild
zum Schloßbrand (Szenen III,7–16). Bamberg 1811*

Drei Jahre später erstellte der Theaterdirektor Franz Ignaz von H o l b e i n (1779–1855) eine zweite Bearbeitung, die am 18. September 1814 erstmals in Karlsruhe aufgeführt wurde. In dieser Fassung – sie wurde 1822 zuerst publiziert – kam das »Käthchen« während der folgenden Jahrzehnte auf die deutschsprachigen Bühnen und entwickelte sich rasch zu einem sehr erfolgreichen und oft gespielten Repertoirestück. Stolze (S. 29) hat bis zur Mitte des 19. Jahrhunderts über 1200 Aufführungen der Holbeinschen Bearbeitung nachgewiesen. Unter den vielen Veränderungen, die Holbein vornahm, ragen drei schwerwiegende Eingriffe heraus. Der ganze 1. Akt wurde stark gekürzt und dem Schauspiel als ein »Vorspiel, genannt: Das heimliche Gericht« vorangestellt. Ferner wurde das Motiv der körperlichen Häßlichkeit Kunigundes beseitigt und statt dessen das Motiv der Besitzlosen, das Kleist fallen ließ (vgl. Kap. I, Anm. zu 80,11), ausgebaut und weitergeführt. Und schließlich wurde das Motiv von Theobalds vermeintlicher Vaterschaft verändert. Käthchen wird in Holbeins Fassung zu einem Pflegekind Theobalds, das ihm von einem Unbekannten (dem Kaiser) übergeben wurde:

T h e o b a l d *(zeigt auf den Kaiser).* Dort seht ihn, der sie hat zu vergeben, der unbekannt sie mir als Kind vertraut. Entbunden hat er mich des Eides, den ich damals ihm in die unbekannte Hand gelegt. Sie ist *mein Blut* nicht, ob ich gleich als eigen Kind sie stets geliebt.

> Kleist: Das Käthchen von Heilbronn. Für die
> Bühne bearbeitet von Holbein. Pesth: Hart-
> leben 1822. S. 87

Diese Enthüllung wird in einer großenteils neu gedichteten Wirtshausszene (»Gasthof bey Jacob Pech«) vorbereitet, in welcher der Kaiser (»Den einzigen Fehltritt meiner Jugend gut zu machen, wird mir nichts zu schwer.«, S. 64) und Theobald zusammentreffen (»Mit einem braven Bürgersmann zu trinken, achtet sich der Kaiser selbst nicht für zu gut.«, S. 64).

Zu den publikumswirksamsten Szenen zählte zweifellos die Holunderstrauchszene, zu der Holbein in einer Anmerkung notierte:

»Käthchen ist hier ganz Somnambüle, die Schauspielerinn hat sich also über diesen Zustand genau zu unterrichten, nicht weniger der Darsteller des Grafen. Seine Handbewegungen können öfters zufällig den bekannten Gesetzen des Magnetisirens entsprechen.«

Ebenda, S. 72

Nach Gastspielen in Mannheim, Bremen, Köln und anderen Städten wurde Holbeins Bearbeitung 1816 (zuerst am 6. 3.) im Münchner Isartortheater aufgeführt. Zu der Münchner Inszenierung ist eine Besprechung von dem Literaturhistoriker Bernhard Joseph D o c e n (1782–1828) überliefert (anonym im »Morgenblatt«, 8. 5. 1816):

»*München, 2. April.* Nach unsern vielen schalen Ritterschauspielen mit und ohne Gesang war die nun endlich auf dem Isar-Theater zustande gekommene Aufführung des Käthchen von Heilbronn, durch die lebendig darin waltende Kraft und Fülle, eine höchst interessante Erscheinung. Freilich fehlt es diesem wundersamen, mitunter sehr shakespearisierenden Gedicht [...] keineswegs an widerwärtigen Modernitäten; z. B. dieses Fräulein von Thurneck im Bade, oder wo Käthchen sagt:
    Ein Cherubim, mein hoher Herr, war bei dir
    Mit Flügeln, weiß wie Schnee etc.
[...] Durch die Zustutzung Holbeins war indessen für die Wegschaffung dieser Ungebührlichkeiten gesorgt. Und doch sind derlei Verstöße in dem Werke noch das geringste Anstößige; viel mißlicher ist's, daß [...] da, wo Käthchen in dem brennenden Schloß das Bild holt, und jetzt, wo alles einstürzt, an einem Marienbilde knieend sich festhält, dieser Cherubim *sichtbar* in heller Beleuchtung neben ihr emporschwebt. Das nicht als übereinstimmender, gleichzeitiger Traum, sondern als eine *gespenstische* Wirklichkeit behandelte Eintreten des Grafen in Käthchens Kammer scheint mir von der Art, daß eine höhere Sittenpolizei, wenn es deren gäbe, solchen Wahnwitz der Dichtung auf öffentlichem Theater nicht gestatten dürfte. [...] Daß alle dennoch so großen Anteil an diesem Käthchen nehmen, darin eben bewährt sich die urkräftige Anlage dieses genialen, an glänzenden Verirrungen reichen, Werkes.«

Nachruhm, Nr. 511

Ludwig Börne (1786–1837) besprach 1818 eine Aufführung in Frankfurt a. M. (dort zuerst: 15. 9. 1816). Unter dem Titel »Das Käthchen von Heilbronn« druckte
Börne die Besprechung 1829 nochmals in seinen »Drama-
turgischen Blättern« ab (vgl. dazu auch Nachruhm, Nr.
514a/b), woraufhin sie später besonders für die jungdeutsche Rezeption (vgl. unten) bedeutsam wurde. Börne unterschied in seinem Urteil zwischen Werk und Bearbeitung:

»Am 24. Sept. – Das Käthchen von Heilbron, von Heinr.
von Kleist.
Fürwahr, es ist Mark darin und Geist und Schönheit. Von
der dunkeln Tiefe des Gemüths bis hinauf zu jener heitern
Höhe, auf welcher die Schöpfungskraft frei und besonnen
waltet, führt uns ein lockender Weg [...].
Welch ein Unternehmen, so kühn als unbesonnen, den
Schleier der Isis[5] wegzuheben, hinter welchem der Tod
lauscht!
[...] Dieses Schauspiel ist ein Edelstein, nicht unwerth an
der Krone des brittischen Dichterkönigs zu glänzen. Man
braucht nur den herrlichen Monolog des Grafen, womit der
zweite Akt beginnt gelesen zu haben, um das Lob gerecht
zu finden. Um so deutlicher fallen zwei Flecken in das
Auge. Die wirkliche Erscheinung des Cherubs beim Sinken
des brennenden Schlosses Thurnek, konnte nicht unzeitiger
geschehen. Die Seele die so tief geneigt war, sich dem An-
wehen einer verborgenen Geisterwelt die im Traume sich
offenbarte, gläubig hinzugeben, wird durch das sinnliche
Wunder das sich im Wachen ergiebt, enttäuscht und wendet
sich nüchtern gemacht vom Unbegreiflichen kalt hinweg.
Zweitens, spielt das Fräulein Kunigunde, ohne Willen des
Dichters die Rolle der Närrin, in diesem *ernsten* Schauspiele. Giebt es eine tollere Erfindung als dieses Fräulein,

5. Bekannter unter dem Namen ›Schleier von Sais‹, der gemeint ist.
Die altägyptische Göttin Isis wurde in der Mythologie als Personifikation der weiblichen, zeugenden und gebärenden Naturkraft angesehen.
Später wurde sie auch mit der ägyptischen Göttin Neith oder Neitha
identifiziert. Der Neith-Kult wurde besonders in Sais in Unterägypten
gepflegt, wo der Neith-Tempel die Inschrift trug: »Ich bin alles, was
war, was ist und was sein wird; kein Sterblicher enthülle meinen
Schleier. Die Sonne war mein Kind.« Vgl. unten auch die Urteile von
Menzel und Saphir.

welches durch Schönheit und Liebreiz allen Rittern des Landes, den Kopf verrückt, und am Ende sich als eine garstige Hexe kund giebt, die mit falschen Zähnen, aufgelegter Schminke, und einem schlankmachenden Blechhemde, die Göttin Venus vorzulügen verstand?
Aber wie haben sie dieses Stück wieder zugerichtet, damit es in ihren Raum, ihre Zeit und ihre Umstände sich füge! das ist ein ganz eignes Kapitel des Jammers. Wie wehe gar muß es dem Künstler selbst thun, der die schönsten Theile seines Gemäldes wegschneiden sieht, damit es nur in den engen Rahmen passe.«

Die Wage. Eine Zeitschrift für Bürgerleben, Wissenschaft und Kunst. Hrsg. von Ludwig Börne. H. 4. Okt. 1818. S. 172 ff. Nachdruck: Glashütten: Auvermann 1972. Bd. 1

In Dresden wurde Holbeins Bearbeitung 1819 aufgeführt (vgl. dazu Nachruhm, Nr. 515a–516). In der Dresdner Abendzeitung setzte sich Ludwig T i e c k 1823 mit der Bearbeitung und früheren kritischen Einwänden (z. B. von Börne) auseinander. Unter aufführungspraktischen Gesichtspunkten machte Tieck seinerseits Verbesserungsvorschläge – besonders im Hinblick auf eine mögliche Veränderung des umstrittenen Vaterschaftsmotivs:

»Der Cherub, der Käthchen aus dem Brande rettet, ist allen, ihr selber unsichtbar, nur so ist er poetisch. Der Umarbeiter [Holbein] läßt ihn von allen gewahr werden, die Landschaft spricht nachher über diese Erscheinung, ja sie muß noch einmal sichtlich bei der Vermählung mit dem Hochzeitskranz, wie ein Gratulant, erscheinen, um mit dem beliebten widerwärtigen Feuerwerk das Stück auf eine mehr als poetische Art schließen zu können. Ob der nämliche Cherub nachher auch ordentlich mit zu Tische sitzet, bleibt der Imagination anzunehmen oder zu bezweifeln überlassen.
Und dennoch muß der Dichter diesem Bearbeiter dankbar sein, weil durch seine Bemühung Kleists Worte doch zum Volke gedrungen sind. [...] Vielleicht ließe es sich von einer geschickteren Hand dahin abändern, daß Käthchen die Enkelin des alten Waffenschmiedes ist; seine einzige, schöne Tochter ist an der Geburt des Kindes gestorben; sie

hat ihm keine nähere Bestimmung über ihren Verführer
oder unbekannten Geliebten geben können; nur eine son-
derbare Münze, die sie vom Unbekannten selbst erhalten
hat, um sich dadurch einst kenntlich zu machen, erbt der
Vater von der Sterbenden. Kriege, Bedrängnisse, Begebenheiten in der eigenen Familie entfernten alles aus dem
Gedächtnisse des Kaisers. Theobald, der das Andenken seiner Tochter nicht will geschmäht sehen, entfernt sich mit
dem neugeborenen Kinde, und siedelt sich wieder in einer
entlegenen Gegend an, wo er für den Vater des Mädchens
gilt. In der heftigen Klage vor dem Kaiser verrät er sich
in der Leidenschaft, und die Entdeckung geht vor sich.
Ebenso schwierig ist es aber, den Aberglauben, der durch
die Verwirklichung keiner sein soll, zu veredeln, oder ihn
überflüssig zu machen.«

Nachruhm, Nr. 519a

T i e c k war zuvor schon in der Vorrede zu seiner Ausgabe von »Kleists Hinterlassenen Schriften« (Berlin 1821)
auf das »Käthchen« eingegangen:

»Von der alten Fabel und der beschränkteren Form [der
Penthesilea] wendete sich Kleist nun zu einer in allen
neuern Sprachen wiederholten Romanze von der wundersamen Treu und Ergebenheit eines weiblichen Wesens gegen den Mann, den sie liebt. Diese alte, oft variierte Sage
hat der Dichter von neuem auf seine Weise verwandelt
und ein Gemälde gebildet, so ganz vom reinsten Hauch der
Liebe beseelt und erfrischt, so rührend und bezaubernd,
dem Wunder des Märchens und doch zugleich der höchsten
Wahrheit so verschwistert, daß es gewiß als Volksschau-
spiel immer unter uns leben wird. [...] Es dürfte eine
gewagte Unternehmung sein, diesen wunderbaren duftigen
Strauß neu zu ordnen und zu binden, ohne etwas von dem
zarten Blumenstaub zu verwischen und den frischen Mor-
gentau zu verschütten.«

Nachruhm, Nr. 517

In den zwanziger Jahren war das Kleist-Holbeinsche
»Käthchen« bereits so bekannt geworden, daß einige Kritiker es als das »eigentliche Nationalstück unserer Bühnen«
bezeichneten (vgl. Nachruhm, Nr. 266b u. 521). Von der

Das Käthchen von Heilbronn. Ölgemälde von Moritz von Schwind (1804–71). 1826 zuerst ausgestellt

zeitgenössischen Kritik wurde besonders die Berliner Inszenierung von 1824 hoch gelobt, in der Luise von Holtei
(1800–25) die Rolle Käthchens spielte. Diese Schauspielerin
war als Käthchen-Darstellerin so berühmt, daß selbst im
Brockhaus-Lexikon verzeichnet wurde, sie sei »namentlich
als Käthchen von Heilbronn unübertroffen«[6]. Die Berliner
Aufführung erhielt »rauschenden Beifall«, wie Willibald
Alexis (1798–1871) berichtete (vgl. Nachruhm, Nr. 522).
Ähnlich schrieb Ludwig R o b e r t (1778–1832), der Bru-
der von Rahel Varnhagen: »Das Stück fand ungemeinen
und dennoch allgemeinen Beifall; fünf oder sechs Mal ist es
bereits gegeben und immer war das Haus überfüllt« (Nachruhm, Nr. 523). Der Berliner Theaterkritiker Friedrich
S c h u l z (1769–1845), der Kleist noch als Mitarbeiter an
den »Abendblättern« kennengelernt hatte, berichtete in
seiner Besprechung der Aufführung von Gesprächen mit
Kleist über das »Käthchen« (anonym in Spenersche Zeitung, Berlin, 1. 5. 1824):

»[...] Mit lebhafter Bewegung erinnere ich mich [...]
seiner Äußerungen, wie er insbesondere die Darstellung
des Käthchens selbst, sich dachte. Und so glaube ich, nicht
bloß *meine* Ansicht auszusprechen, sondern auch der Dol-
metscher des verewigten Dichters zu sein, wenn ich der
Frau v. Holtei dafür danke, daß sie das Käthchen so
jungfräulich zart, so kindlich in ihrer ganzen Erscheinung,
einfach im Ausdruck des Worts und der Gebärden, wie es
der Dichter wollte und der Geist des Gedichts es allerdings fordert, dargestellt hat.«

Nachruhm, Nr. 524

Parodien

Zwischen 1820 und 1840 entstanden mehrere Parodien auf
das »Käthchen«, die ihrerseits erkennen lassen, daß das
Schauspiel beim zeitgenössischen Publikum als bekannt
vorausgesetzt wurde. 1828 veröffentlichte der Schauspieler und Dramatiker Karl von H o l t e i (1798–1880), der
Gatte Luise von Holteis, seine Parodie »Staberl als Robin-

6. Conversations-Lexikon. 9. Aufl. Bd. 7. Leipzig: Brockhaus 1845. S.
267.

son« (in: Monatliche Beiträge zur Geschichte dramatischer
Kunst und Literatur. Bd. 2. Berlin 1828). Käthchen tritt
darin zusammen mit anderen klassischen Dramengestalten
auf – mit (Shakespeares) Julia, (Goethes) Iphigenie, (Lessings) Minna von Barnhelm und (Schillers) Marquis Posa.
Sie alle sind als Gefangene von Gestalten aus trivialdramatischen Erfolgsstücken der damaligen Zeit auf die Insel
von Staberl-Robinson verschlagen worden. Die Vertreter
der Trivialdramatik wollen die »unerträglichen Autoritäten« wenn schon nicht »gleich totschlagen«, so doch »lieber
verhungern lassen« (vgl. Nachruhm, Nr. 528b). Die ›Klassiker‹ sinnen ihrerseits auf Rettung:

[...] M i n n a : Oft schon versuchte man, uns die alte,
angestammte Herrschaft zu rauben – und besonders sahen sie es auf mich ab, weil sie mich prosaisch nannten.
Aber die guten Leute vergaßen, daß meine Prosa ihre
Verse aufwiegt. Auch wird sich ein Retter zeigen.
K ä t c h e n : Ich möchte wohl wissen, wo er herkommen
soll? Wir sind ja auf einer wüsten Insel! – Ich bin doch
sonst nicht ekel, noch furchtsam. Ich schlafe im Pferdestall, ich gehe ins Feuer, ja ich würde sogar ins Wasser
gehen, und es kommt mir auch auf die Hetzpeitsche nicht
an. Aber hier ist mein Latein am Ende, so wahr ich das
Kätchen von Heilbronn bin. [...]

Nachruhm, Nr. 528a

Käthchen entpuppt sich im Laufe des Stücks als falsches
Käthchen und echte Gattin von Staberl und spielt schließlich bei der Befreiung der ›Klassiker‹ eine »Hauptrolle;
sie bringt Briefe, weil sie Briefe bringen muß; sie holt den
Papagei und das Paraplui[7] aus dem bengalischen Feuer«
(nach einem Aufführungsbericht von Willibald Alexis, vgl.
Nachruhm, Nr. 528b).
Der Wiener Lokaldichter Karl M e i s l (1775–1853), der
nicht weniger als 184 Schauspiele – darunter zahlreiche
Parodien – verfaßte, schrieb 1831 »Die Kathi von Hollabrunn«, eine Travestie des »Käthchens«. Das Stück ist eng
an die Szenenabfolge und den Handlungsverlauf des
»Käthchens« angelehnt, ebenso hat Meisl die Personen des

---

7. Parapluie, Regenschirm.

Originals teils direkt übernommen, teils umbenannt: aus
dem Grafen vom Strahl wird »Donnerwetter von Blitzstrahl«, aus Theobald wird »Urian, Nagelschmidt von
Hollabrunn«, aus Käthchen wird »Kathi, seine angebliche
Tochter« usw. Erst im Kontrast zum travestierten Original
gewinnt das Stück seine Komik, es setzt also die detail-
lierte Kenntnis des »Käthchens« beim Zuschauer voraus.
Im Darstellungsverfahren griff Meisl vor allem auf sprach-
und situationskomische Effekte zurück. Ferner hat er die
ideellen Konflikte des Originals vielfach zu materiellen
reduziert und ›banalisiert‹. Die verschiedenen Verfahren
sind beispielhaft schon in der ersten Szene vor dem Femgericht vereinigt. Theobalds (hier: Urians) Klage wird folgendermaßen travestiert (vgl. Original 5,17–7,3):

O t t o [von der Brühl, Vorsteher des Vehmgerichts]. [...]
   Meister Urian, du durch deine Conto's viel und schmerzlich bekannter Nagelschmied, wir rufen dich auf, deine
   uns bereits 12 mahl gemeldete, und doch wieder ver-
   gessene Klage vor dem dortstehenden auf vielfältige
   Vorladung sogleich erschienenen Ritter Donnerwetter
   von Blitzstrahl zu wiederholen.
U r i a n. Ihr aus verschiedenen Ursachen vermummten
   hohen, mittlern und niedern Herren, hätte jener Ritter keine meiner Rechnungen bezahlt, wär er mir mit
   10 neuen Rüstungen als ein fahrender Ritter abgefah-
   ren, ich hätt kein Wort g'sagt, und hätt als ein billig
   denkender Handwerksmann, den Schaden bey andern
   Kundschaften hereingebracht. Aber dieser Julius Wetter,
   der eigentlich Aprilwetter heißen sollt, hat mehr gethan.
   Meiner Tochter hat er den Kopf verrückt, meiner
   Kathi. Drum klag ich ihn der Zauberey, der Gift- und
   anderer Mischerey an.
O t t o. Meister Urian, bedenkt, was ihr sprecht! Ritter
   Donnerwetter ist uns zwar als ein Vocativus[8] bekannt,
   doch sagt, welcher Künste hat er sich bedient, eurer Tochter
   Verstand zu verwirren.
U r i a n. Wenn ich das wüßt, wär ich nicht zu euch ge-
   kommen. Hätt er ihr neue Kleider machen lassen, hätt
   er ihr Ringerls oder Banderl g'schenkt, hätt ers zur

8. Schalk, loser Vogel.

Musik g'führt, sie mit süßem Wein und Gugelhupf trak-
tirt, so wär es mir kein Räthsel mehr. Aber ohne Present,
ohne Musik – in dieser von ihm beobachteten Schmutzig-
keit liegt die Zauberey.

> Meisl: Die Kathi von Hollabrunn. Nach dem
> Bühnenmanuskript, Wiener Stadtbibliothek,
> Sign. JA 25. 725. Bl. 6–9

Den Grafen vom Strahl hat Meisl in einen völlig verarm-
ten Ritter verwandelt, der mit »Kunigundel« wegen Geld-
schulden im Streit liegt (vgl. II,3; 30,21–25):

D o n n e r w. Was bringst du mir, Flammberg?
F l a m m b. Schlimme Kunde! Kunigundel von Thurnek,
der du 200 Goldgulden seit 6 Jahren schuldig bist, hat
alle Ritter des Landes aufgebothen, um das Geld mit
bewaffneter Hand von dir einzutreiben.

> Ebenda, Bl. 23

Brigittes Erzählung des Silvesternachttraums (vgl. Original
44,33 ff.) hat Meisl in folgende Fassung gebracht:

B r i g i t t a. Wollt ihr seinen sonderbaren Traum hören.
Voriges Jahr am Silvester Abend, zechte er mit mehreren
edeln. Rittern dermassen, daß keiner mehr den andern
sah. Wie die Scheiten eines Holzstoßes lagen die Hum-
pen im Trinksaal aufgeschichtet. Da rief unser junger
Herr: Genug für heute, wir müssen nicht über die
Schnur hauen, sonst steigt uns der Wein in den Kopf.
Er taumelte in sein Gemach. 3 Tag und Nächt schlief er
in einem fort, bis der Durst ihn wieder weckte. Da erzählte er, es habe ihm geträumt, über ein Jahr am Silvester Abend werde er ein liebes Weib heimführen, die
alle seine Schulden bezahlen wird.

> Ebenda, Bl. 43 f.

Käthchen hat Meisl in ein schlagfertiges Wiener Vorstadt-
mädel verwandelt, das sich zielstrebig um den Ritter Donnerwetter bemüht (»Eine Ritters Frau zu werden, ist das
Schönste auf der Welt.«). Die Holunderstrauchszene wird
folgendermaßen eingeleitet:

K a t h i. [...] Der entscheidende Augenblick naht, nur
wenige Minuten noch, und er ist mein. (*Setzt sich in*

die Laube.) Wann mir nur jetzt der Balletmeister eine
mahlerische Stellung zeiget.
B a l l e t m. *(tritt aus der Scene ein).* Mit Vergnügen.
(Richtet ihre Stellung, dann ab.)
K a t h i. Ich dank ihnen. *(Fangt zum Schnarchen an.)*
[...]
D o n n e r w. Ha, da ists. Man hörts, sie schlaft. Gott-
schalk hat mir gesagt, sie habe 3 schöne Gewohnheiten.
1. rede sie im Schlaf, 2. habe sie einen Schlaf, wie ein
Murmelthier, 3. träume sie, wie ein Jagdhund.
K a t h i. Das ist grob.
D o n n e r w. Steht im Original.

Ebenda, Bl. 93 f.

Die Travestie endet wie das Original mit der Heirat von
Donnerwetter und Kathi, nachdem sie als Tochter »und
Erbin« des Ritters Otto anerkannt wurde.
Meisls Stück wurde am 11. März 1831 am Wiener Theater
in der Leopoldstadt uraufgeführt und bis 1839 zwölfmal
wiederholt. Seinen Eindruck von der Uraufführung hat
der Burgschauspieler Carl Ludwig C o s t e n o b l e (1769
bis 1837), der 1821 selbst die Rolle Theobalds im »Käthchen« spielte, in seinen Tagebüchern festgehalten (unter
dem Datum vom 14. 3. 1831):

»In der Leopoldstadt hat eine Parodie des ›Käthchens von
Heilbronn‹ unter dem Titel ›Kathi von Hollabrunn‹ großes
Glück gemacht.
Meißl's Stück enthält auch manches recht treffend Paro-
dierte. Statt des Engels, der das Heilbronner Käthchen aus
den Flammen rettet, sieht man hier einen Rauchfang-
kehrer mit weißem Gefieder niederflattern und ›Kathi‹
salvieren. Die Scene unter dem Hollunderstrauche ist recht
komisch und voll Kraft der wahren Parodie; denn Kathi
legt sich mit Vorbedacht in eine reizende Stellung und der
Ritter spricht bald mit ihr wie mit einer Träumenden,
bald wie mit einer Kokette, die sich nur schlafend stellt.
Daraus entstehen höchst amüsante Repliken. Der Schluß
des Stückes ist das Schwächste, und das ist eine gewöhnliche Schwachheit der Localdichter.«

Costenoble: Aus dem Burgtheater. Bd. 2. Wien:
Konegen 1889. S. 50

1836 veröffentlichte der Schriftsteller Moritz R a p p (1803 bis 1883) unter dem Pseudonym »Jovialis« die Parodie »Wolkenzug« (Stuttgart 1836), in der Kleist zusammen mit weiblichen Gestalten aus seinen Werken auftritt: mit Käthchen, Thusnelde (»Hermannsschlacht«) und Toni (»Verlobung«) (vgl. dazu Nachruhm, Nr. 287).

Die bedeutendste Parodie dieser Zeit stammt von dem jungdeutschen Schriftsteller Ludolf W i e n b a r g (1802 bis 1872). Unter dem Pseudonym »Friedrich Radewell«[9] veröffentlichte er die Komödie »Tyll Eulenspiegel« (Hamburg 1840)[10]. Darin tritt Käthchen – wie schon bei Holtei – zusammen mit anderen klassischen Dramengestalten auf. Wienbargs Komödie ist in weiten Teilen eine Parodie auf Goethes »Faust«. In einem »Vorspiel. Im Himmel« wird die Wette zwischen dem Herrn und Mephistopheles um Faustens Seele zu einer Wette um Tyll Eulenspiegels Seele parodiert. Mephisto, Faust und (Schillers) Marquis Posa sollen versuchen, Tyll Eulenspiegel vom rechten Pfad abzubringen. Um den dreien die Verführung Eulenspiegels zu erleichtern, stellt ihnen der Herr das Käthchen zur Verfügung:

HERR. [...] Damit Euch aber gar nichts kann entschuld'gen,
   Soll ihm die reinste, schönste Jungfrau huld'gen
   In einer solchen unbedingten Weise,
   Wie es noch nie geschah im Menschenkreise;
   Und dennoch sollen Beide seelenrein
   Und, so es nicht geschieht, verworfen sein.
   Ich will Euch schier der Jungfrau Herz enthüllen
   Und sie vor Euch mit höchster Gluth erfüllen
   (*Der Himmel öffnet sich; Käthchen sitzt träumerisch
   unter einem blühenden Hollunderstrauch, wo der Zeisig
   sein Nest gebaut.*)

Friedrich Radewell: Tyll Eulenspiegel. Hamburg: Hoffmann & Campe 1840. S. 24

Die später folgenden Verführungsszenen sind der Gartenszene aus »Faust I« nachgebildet. Mephisto verwandelt sich in Tyll, um Käthchen zu verführen, während sich Faust

---

9. Vgl. Leopold Hirschberg: Der Taschengoedeke. Bd. 2. München 1970. S. 553.
10. Für die freundliche Mitteilung dieses Werkes dankt der Hrsg. Herrn Dieter Arendt, Gießen.

und Posa abwechselnd in Käthchen verwandeln, um Tyll
zu verführen. Wienbarg läßt Käthchen dabei stets als eine
Mischung von Unschuld, Biederkeit und Dümmlichkeit erscheinen:

(Mephistopheles, als Tyll, und Käthchen treten rechts auf)
M e p h. Was man doch unter Sträuchen schaut,
    Wo der Zeisig sein Nest gebaut!
    Hast Du nicht auch zufällig vernommen,
    Woher denn eigentlich die Menschen kommen?
K ä t h. O, das hab' ich ja lange schon gewußt!
M e p h. Woher denn, meine einzige Lust?
K ä t h. Das hat die Mariane mir gesagt.
M e p h. Wer ist denn das?
K ä t h.   Unsere alte Magd!
M e p h.
    Und die wußt' es! Wer hat es denn der beigebracht?
K ä t h. Darnach hab' ich nicht zu fragen gedacht.
M e p h. Was sagte Dir denn Mariane, mein Herz?
K ä t h. Ach geh', Du weißt es!
M e p h.   Nein, ohne Scherz!
K ä t h. Sieh, es giebt in der Welt einen großen Teich,
    Darauf schwimmen Kindlein, wie Linsen und Laich!
    Wen nun die Klapperstörche lieben vor Allen,
    Dem lassen sie eins durch den Schornstein fallen.
M e p h. Das ist dummes Zeug, ganz dummes Gemähre!
    Ich will Dir's genauer erzählen, auf Ehre!
K ä t h. Ich glaube der Mariane aufs Wort!
M e p h. Die Störche zieh'n doch im Winter fort!
    Und es regnet doch Kinder im ganzen Jahr!
K ä t h. Das muß ich der Mariane sagen, 's ist wahr!

                               Ebenda, S. 77 f.

Im Kontrast zu solcher Einfältigkeit ertönt anschließend
faustsche Weisheit und schillersches Pathos aus Käthchens
Mund. Tyll beginnt einen Streit mit dem in Käthchen ver-
wandelten Posa über die Frage: »Was denn so eigentlich
Freiheit sei?« Über Posa-Käthchens Antwort: »Es ist der
Naturstand des Menschengeschlechtes«, geraten beide in
eine Balgerei:

T y l l. [...] Da hast Du zum Beweis' einen Nasenstüber!
P o s a. Ha, Frevler, Du fällst in die *Tyrannei!*

T y l l. Philisterdirne, schweig! Ich bin *frei!*
   Im angeborenen Rechtsvollbesitze
   Schalt' ich *frei* mit jeglicher Nasenspitze!
P o s a. Es lebe die Frauenemancipation!
   Hier hast Du eine Schelle zum Lohn!

Ebenda, S. 82

Auch in Wienbargs Komödie wird Käthchen schließlich
zur Kaisertochter erhoben. Nach mehreren gescheiterten
Verführungsversuchen soll Eulenspiegels Standhaftigkeit
mit der Verlockung überwunden werden, er könne eine
Kaisertochter heiraten. Doch Tyll lehnt ab:

M e p h. *Du liebst das Käthchen;* Du sollst es auch haben
   Und genießen ihre Reize und Gaben!
   Das Käthchen ist keine niedere Magd,
   Du ahnst kaum, wie weit sie über Dich ragt!
   Sie ist des *Kaisers* natürliches Kind,
   Ich schwör' es Dir zu, ich mache nicht Wind!
   Es kostet mich nur einen Fingerwink,
   Und Du bist ein großes, geehrtes Ding,
   Käthchens Mann und des Kaisers Schwiegersohn,
   Vielleicht sogar Erbe von seinem Thron.
T y l l. Zwar erinn're ich mich, es gab einmal
   Einen stolzen Grafen *Wetter v. Strahl,*
   Der seinen sechszehn Ahnen gratulirte,
   Als er *solch' eine* Bastardin unter sie führte!
   Ich aber hielt mich für viel zu gut,
   Mich zu ehren mit fürstlichem Sündenblut,
   Wenn mich nicht etwa Schönheit und Liebe
   Vielleicht zu einer Ausnahme triebe!

Ebenda, S. 179

Bevor das Stück schließlich doch mit der Heirat von Tyll
und Käthchen sein »romantisches Komödienende« (S. 278)
findet, hat Wienbarg eine Parodie auf die Holunderstrauchszene und auf die Enthüllung des Kaisers (Original:
V,2) in einer Szenenfolge (III,4–6) zusammengezogen:

T y l l.   Käthchen, sprich,
   Wo bist du her? Wo fandest Du mich?
   Wie heißt Dein Vater, liebe Streicherin?

K ä t h. Du weißt ja, daß ich aus Heilbronn bin!
  Mein Vater Theobald Friedeborn,
  Der Waffenschmied, wohnet am Markte vorn.
K a i s e r. Ha, Meine Ahnung!
T y l l.   'ne Erkennungsgeschichte!
  Da beriecht man sich erst und besieht sich bei Lichte
  Und dann ruft man »Ha, meine Ahnung!« aus!
K a i s e r. Bist du das einz'ge Kind im Vaterhaus?
K ä t h. Ei freilich!
K a i s e r.   Das allereinz'ge!
K ä t h.   Ja freilich!
  Das muß ich doch wissen! Das wär' unverzeihlich!
K a i s e r. Wie alt bist Du, mein Kind?
K ä t h.   Bin schon achtzehn Jahre!
K a i s e r.
  Es trifft! – Nahm Dir kein Schwesterlein die Bahre?
K ä t h. Nein, nein!
K a i s e r.   O, so umarme mich, mein Kind!

Ebenda, S. 257 f.

Im Urteil der Jungdeutschen

Ludolf W i e n b a r g veröffentlichte zwei Jahre später
einen Aufsatz »Die deutsche Bühne und Heinrich von
Kleist« (in: Deutsches Literaturblatt der Börsenhalle. Hamburg, 26. 3. 1842). Darin druckte er sein Urteil über Kleist
und das »Käthchen« ab, das er schon vorher in den unver-
öffentlichten dramatischen Vorlesungen von 1839 ausge-
sprochen hatte:

»[...] Fehlte es ihm für das Höchste in der Kunst an
Ruhe, an einem gleichbleibenden heitern Himmel, so waren
andrerseits seine Gestalten fast zu scharf und fest gezeich-
net für das magische Zwielicht, das die Romantik in ihrem
Bereiche herrschen ließ. Ihr christlich mystischer Grundzug
fehlt ihm gänzlich, er war mehr ein Heide, in dem Sinn,
wie man Goethe und Schiller Heiden genannt hat; und so
scheint er auch nur geringe Sympathien für das in dieser
Beleuchtung auftretende Teutsche und Volkspoetische ge-
spürt zu haben, er, der sicher ein Volkspoet war und das
liebliche und seelentiefe Käthchen dichtete, er, der ein guter,
für seine Ruhe nur zu guter Deutscher war [...]. Keins

seiner Dramen ist aus dem romantischen Geist geboren, der uns aus den Werken der eigentlichen Schule entgegenweht; dennoch tragen sie alle und meist nicht zu ihrem Vorteil die Spuren eines äußeren, die Richtung der Phantasie bestimmenden Einflusses von dieser Seite. Die Romantik, kann man sagen, war seine Schwäche, nicht seine Stärke [...] alles dies, seine Visionen, Träume, Wunder und was sonst auf dem Aberglauben des Volkes beruht, erscheint bei ihm in krasser und kranker Weise, während es die romantische Dichtung in ihren Duft und Schmelz einhüllt [...].«

Nachruhm, Nr. 293b

Auch andere jungdeutsche Schriftsteller haben sehr fein differenzierend auf die Unterschiede zwischen Kleist und der Romantik hingewiesen – trotz der scheinbaren äußerlichen Übereinstimmungen zwischen seinem Werk und der Romantik. Heinrich L a u b e (1806–84), der das »Käthchen« später selbst bearbeitete (vgl. unten), schrieb in seiner »Geschichte der deutschen Literatur« (Stuttgart 1840):

»[...] Die Überschwenglichkeit, der Zauber des Geheimnisses, die unerforschte Naturmacht, der Reiz ferner Vaterlandsgeschichte, all dies Ordensgelübde der Romantiker, wie schön, wie mäßig ist es in ihm. Wie gibt sich das größte Publikum noch heute diesem lieblichen Käthchen von Heilbronn hin, das unter dem Fliederbaume träumt! Das Maß und die echte Empfindung, sie unterscheiden Kleist aufs günstigste von den offiziellen Romantikern. Was er bringt, ist empfunden, nicht anempfunden, oder gar angekränkelt [...].«

Nachruhm, Nr. 289

Die Jungdeutschen (vgl. in diesem Zusammenhang auch die positiven Besprechungen des »Käthchens« von Ludwig Robert: Nachruhm, Nr. 269a, 521 u. 523) wußten sich in ihrer Wertschätzung des Schauspiels mit Börne (vgl. oben) und mit Heinrich Heine (1797–1856) einig, der sich 1834 in Paris um eine Aufführung bemühte (vgl. dazu Nachruhm, Nr. 529a/b). Die nachhaltige Wirkung von Börnes Käthchen-Aufsatz zeigt sich noch an Äußerungen von Wolfgang M e n z e l (1798–1873), dem »Franzosenfresser«, wie Börne ihn nach seiner Abkehr von den Jungdeut-

schen nannte, und dem Wienbarg seinen »Tyll Eulenspiegel« ironisch »ehrerbietigst« widmete. Hatte Börne Kleists
Kühnheit bewundert, »den Schleier der Isis wegzuheben«
(vgl. Anm. 5), so kehrte Menzel, darauf anspielend, das
Urteil um (Menzel: Die deutsche Literatur. Stuttgart
²1836):

»Heinrich von Kleist führte aus der katholischen Romantik
herüber in die moderne Magie. Sein somnambules ›Käthchen von Heilbronn‹ und sein mondsüchtiger ›Prinz von
Homburg‹ sind wunderbare Mittelschöpfungen zwischen der
edelsten Einfalt und Treuherzigkeit der mittelalterlichen
Vorzeit und dem feinsten Raffinement der Modernität. Von
unnachahmlicher Lieblichkeit, so ausgemalt, so durchsichtig
klar wie von Homer oder Shakespeare, verbergen diese
Dichtungen doch unter ihren Blumen eine Schlange der
Modernität, die uns heimlich grauen und es uns begreiflich
macht, warum der so liebenswürdige Dichter ein Selbstmör-
der wurde. Wer die geheimnisvolle Macht der Sympathie
erkennt, zerreißt zugleich ihr unsichtbares Band. Hier ist
Erkenntnis schon Verzweiflung und Tod. Dies ist der
Schleier der Isis, den niemand lüften soll. [...]«

Nachruhm, Nr. 288

Mit Börnes Urteil setzte sich auch der satirische Schriftsteller und Kritiker Moritz Gottlieb S a p h i r (1795 bis
1858) anläßlich einer Wiener Aufführung auseinander (in:
Der Humorist, Wien 1843):

»Welche Krankhaftigkeit, welches schlaffe, aller Selbsttätig-
keit sich entschlagende Insichleben geht durch diese magne-
tische Rittergeschichte! Da ist alles auf Hellseherei, auf
Bleigießen, auf Zurückkehr in sich und innere Beschauung
gebaut, Luftzellen für Magneteure, aber keine Wohn-
häuser für Menschen mit Fleisch und Blut, für gesunde
Menschen, für Menschen, die 70 Pulsschläge in einer Minute
haben, für Menschen, wie sie das Drama braucht!
Eine Handlung, die im Fieber ihren Anfang, im Kranken-
schlaf eines hysterischen Mädchens nach der Vision ihres
Geliebten im Bleiguß sich fortspinnt und endlich ihre Entwicklung wieder in einem Somnambulenschlaf erreicht, in
welchem ein beblechter Ritter, ein zwitschernder Zeisig, eine

aus dem Schlaf redende, liebesieche Magd und ein Mutter-
mal am Halse die vier inniggesellten Elemente der dramatischen Katastrophe ausmachen!

Es gab eine Zeit, ja, es gab eine, wo selbst große Geister
wie Tieck, Börne usw. in der krampfhaften Unwahrheit, in
dieser angekränkelten Sentimentalität, in dieser niesenden
und verschnupften Zerflossenheit von magischen Überwelt-
lichkeiten, in diesem kraft- und saftlosen Zurücktreten alles
wahren und echten Herz- und Geistlebens in dem Murmel-
tier- und Dachsbau einer wesenlosen Innerlichkeit und Ab-
spannung eine große, poetische Idee wahrzunehmen glaubten, vom ›Wegheben eines Isisschleiers‹, von dem ›sym-
pathischen Netz zwischen unangeschauten Gemütern‹ sprachen [...].

Wir haben großen Respekt vor dem Respekt, den diese
Herren vor dem Respekt hatten [...]. Allein, wenn wir
Respekt vor den Ansichten, Schwärmereien und Irreselig-
keiten haben, so geht der Respekt nicht so weit, um uns zu
verhindern, es laut zu erklären, daß jetzt gerade die Zeit
da ist, diese träumerischen Faseleien aus dem Kreise des positiv Wahren zurückzuweisen [...].

Wie kann eine gesunde Auffassung in dieser Ammenmär-
chengeschichte ein besonderes Geheimnis der Liebe, eine
Manifestation der magischen Gewalt der Liebe erkennen?
[...] Um den Sieg der überirdischen Sympathie zu verherr-
lichen, mußte das arme Käthchen eine Kaisers- oder Herzogstochter werden!!! Wäre Käthchen keine Herzogstochter,
o dann könnte der Zeisig noch heute am Holunderbusch
zwitschern, [...] Herr Wetter von Strahl würde noch immer nach einem Ritterfräulein suchen und das gute Käthchen, trotz allem magnetischen Rapport, im Stalle logieren
lassen!!!

Und das nennen sie ›den Isisschleier wegziehen von den
überirdischen Geheimnissen und Zauber der Liebe‹!!!«

Zitiert nach: Meister der deutschen Kritik.
Hrsg. von Gerhard F. Hering. Bd. 2. München:
Deutscher Taschenbuch Verlag 1963. S. 120 ff.

Varianten des Vaterschaftsmotivs

Mit Saphirs Kritik kündigt sich ein Wandel in der Rezeptionsgeschichte des 19. Jahrhunderts an. Hatten die Jung-

deutschen zwar auch unter politisch-weltanschaulichen Gesichtspunkten Einwände gegen das Stück formuliert, so
hatten sie es doch in ihrer ästhetischen Einschätzung vor-
sichtig von der Romantik abgetrennt. Dieses differenzierte
Urteil ist in der späteren Rezeptionsgeschichte des 20. Jahrhunderts erstaunlich folgenlos geblieben (vgl. dagegen das
folgenreiche Urteil des klassischen Idealismus, Kap. VI,1).
Nach 1840 trat die ästhetische Bewertung zugunsten der
politisch-weltanschaulichen in den Hintergrund (vgl. auch
Ch. D. Grabbe, Nachruhm, Nr. 530b). Wie Saphir sprach
auch Friedrich H e b b e l (1813–63) einen Einwand gegen
Käthchens Erhebung zur Kaisertochter aus. Noch 1838
hatte sich Hebbel positiv über das Stück geäußert (vgl.
Nachruhm, Nr. 295) und im gleichen Jahr sein vom »Käthchen« beeinflußtes Gedicht »Schön Hedwig« geschrieben.
Sieben Jahre später revidierte er sein Urteil:

»Mitteilungen aus meinem Tagebuch [Rom, 21. Febr. 1845]:
Gedanken beim Wiederlesen des Käthchens von Heilbronn
O, wie mich das schmerzt! Käthchen, du mein liebes Käthchen von Heilbronn, dich muß ich verstoßen [...]. Nicht
du hast dich verändert, du bist und bleibst eine rührende,
von dem Liebreiz himmlischer Unschuld umflossene Gestalt,
eine echtgeborene Tochter der Poesie, der die Mutter ihre
eignen Züge geborgt hat, aber die Welt, in der du dich be-
wegst, und die dich hebt und trägt, will mir nicht mehr
wie früher gefallen, ja nicht einmal ganz mehr, dies wird
dir am wehsten tun, dein Wetter von Strahl, der dich erst
zu heiraten wagt, nun du eine Kaisertochter bist. [...]
Doch das ist nicht deine Schuld, sondern die Schuld dessen,
der dich erzeugte und ein Schicksal über dich verhängte, das
dich mit dir selbst in Widerspruch setzte. Zu diesem, dem
Dichter, wende ich mich nun jetzt. [...]
Die Einwendung, daß der Dichter ja eben ein Bild aus der
Ritterzeit habe aufstellen wollen, kommt nicht in Betracht,
denn man darf den Keim nicht ins Wasser werfen, von
dem man eine Blume will, und einen Lebensprozeß nicht
an Bedingungen knüpfen, die ihn unmöglich machen. Das
Reinmenschliche des Käthchens hätte das Stockritterliche
des Wetters von Strahl besiegen, oder gar nicht damit in
Verbindung gebracht werden müssen; es ist nicht bloß wi-
derwärtig, denn dies würde nur relativ geltend zu machen

sein, nicht auf jedem Standpunkt als Fehler erscheinen; es ist absolut widersinnig, daß jenes auf dieses, als ob es nur daraus hervorgehen könne, zurückgeführt, daß die Mutter zur Tochter herabgesetzt wird. Und das geschieht. [...]«

Nachruhm, Nr. 532

Das von Hebbel kritisierte Motiv der Standeserhebung wurde in keiner der Bearbeitungen verändert, die um die Mitte des 19. Jahrhunderts entstanden. Doch waren fast alle Bearbeiter darum bemüht, einen damit zusammenhängenden Handlungsteil abzuändern: die Standeserhebung sollte wenigstens nicht auf Kosten des betrogenen Vaters von Käthchen erfolgen; es mußten also Varianten des Vaterschaftsmotivs gefunden werden. Im Vergleich zu Holbeins zurechtgestutztem »Käthchen«, das sich bis zur Mitte des 19. Jahrhunderts auf den Bühnen hielt, versuchten die späteren Bearbeitungen, trotz ihrer verändernden Eingriffe doch mehr vom Originaltext zu restaurieren. Eine Ausnahme in der Aufführungsgeschichte bildet eine Breslauer Inszenierung (1817) von Johann Gottlieb Rhode (1762 bis 1827), die wahrscheinlich mit dem Originaltext bestritten wurde. Der Wiener Theaterdirektor Joseph Schreyvogel (1768–1832) erstellte 1821 eine Bearbeitung für das Burgtheater, die zwar Holbein noch teilweise folgte, doch gerade den Schluß des Stücks unverändert ließ (nach Stolze).
Heinrich L a u b e (1806–84) sah 1828 in Breslau eine Aufführung, worüber er später berichtete (Laube: Das Burgtheater, Leipzig 1868):

»Dieser Theaterabend hatte mich poetisch angemutet, ich war dadurch plötzlich wieder Theatergänger geworden wie in der Knabenzeit, ich war dadurch zum öffentlichen Schreiben über, ja für das Theater verleitet, ich war auf diesem Wege aus einem Theologen ein nutzloser Schriftsteller geworden. Wo ist das Stück von jener Straßenecke, welches dich verführt hat? Ist es nicht auf dem Repertoire? Nein. Es ist verschwunden. Eine banale Bearbeitung von Holbein hat es auf die Länge ungenießbar gemacht. Ich aber meinte damals eine Bearbeitung gesehen zu haben, welche dem Originale ganz nahe gestanden. Ich fragte bei Anschütz[11] nach

11. Der Schauspieler Heinrich Anschütz (1785–1865) war von 1814 bis 1821 am Breslauer Nationaltheater engagiert. Er bezieht sich im folgen-

[...]. ›Ja wohl‹, sagte er, ›wir haben einmal in Breslau das Original nach Kräften hergestellt, meine Frau hat die Titelrolle gespielt und auch hier in Wien mit großem Glücke in derselben debutiert. Dies Buch wird sich wohl einige Jahre auf dem Breslauer Theater erhalten, und Sie werden die Vorstellung nach diesem Buche gesehen haben. Jetzt würde es wohl nicht mehr genügen, aber jetzt könnten wohl Sie diese romantische Perle für unsere Szene fassen [...]‹ Das tat ich. Es war das ›Käthchen von Heilbronn‹, und in dieser Einrichtung ist es dann von neuem auf zahlreichen Bühnen erschienen. [...]«

Nachruhm, Nr. 533b

In Laubes »Einrichtung« wurde das »Käthchen« zuerst am 11. Dezember 1852 im Wiener Burgtheater aufgeführt (danach auch in Berlin, Weimar, Hannover, Breslau). Neben einer Reihe von Streichungen (bes. im 1. Akt) hat Laube – wie fast alle Bearbeiter des 19. Jahrhunderts – das Motiv der körperlichen Häßlichkeit Kunigundes beseitigt (die Szenen IV,4–8 und V,4–9 entfallen). Vor allem aber hat er den Änderungsvorschlag von Ludwig Tieck (vgl. oben) aufgegriffen und Theobald vom vermeintlichen Vater in den Großvater Käthchens verwandelt. Diese Veränderung, so schrieb Laube in einem Bericht über ein Gespräch mit Tieck (vgl. Nachruhm, Nr. 533c), habe er durch »ein paar eingeschobene Worte« erwirkt. Sie folgen in seiner »Einrichtung« nach dem Zweikampf zwischen Strahl und Theobald:

K a i s e r. Genug! *(Zu Theobald.)* Steh' auf! Tretet zurück! *(Ihn vorführend.)* War Gertrud der Name Deines Weibes?

T h e o b a l d. Nein, Majestät! Aber es war der Name von Käthchens Mutter!

K a i s e r. Wie?

T h e o b a l d. Ich sehe in meiner jähen Niederlage gegen den Grafen Gottes Finger. Ich habe die Welt getäuscht, wenn auch in guter Absicht, indem ich Käthchen meine Tochter nannte. Sie ist meiner Tochter Kind. Ich gab sie

den auf die Inszenierung von Rhode, in der Emilie Butenop, seine spätere Frau, die Rolle Käthchens spielte.

für mein und meines Weibes ehelich' Kind aus, um die
Ehre meiner armen überraschten Tochter zu retten.

> Kleist: Das Käthchen von Heilbronn. Für die
> Bühne eingerichtet von Heinrich Laube. Wien:
> Druck von Klopf und Eurich 1857. S. 77

Unabhängig von Laube versuchte der Schauspieler und
Theaterdirektor Eduard D e v r i e n t (1801–77), Tiecks
Vorschlag zu verwirklichen, und verwandelte Theobald in
Käthchens Großvater. Seine Bearbeitung .wurde am 8.
Oktober 1854 erstmals in Karlsruhe aufgeführt. In seinen
Tagebüchern notierte Devrient (25. 12. 1853):

»Ich verglich Laubes Bearbeitung vom ›Käthchen von Heilbronn‹ mit der meinigen. Der ist doch ein wenig zu kurz-
weg und ohne Respekt vor den dichterischen Motiven verfahren. Verlegt das Gottesgericht wie en passant in den
Garten, läßt Theobald kurzab die Enthüllung machen,
ohne Kleists Intentionen zu schonen. Das ist nicht nach
meinem Sinn.«

> Devrient: Aus seinen Tagebüchern. Hrsg. von
> Rolf Kabel. Bd. 2. Weimar: Böhlau 1964. S. 66

In Devrients Bearbeitung lautet die monierte Stelle:

T h e o b a l d *(mit Überwindung).* Das Käthchen ist mein
Enkelkind.
K a i s e r. Und warum verbirgst Du das wie ein Vergehen?
T h e o b a l d. Weil ein Vergehen ihr das Leben gab. Sie
dankt ihr süßes Dasein heimlicher Liebe, die meiner
einzigen Tochter Blüthe brach.

> Kleist: Das Käthchen von Heilbronn. Für die
> Bühne eingerichtet von Eduard Devrient. Dres-
> den: Druck von Liepsch & Reichardt [1852]. S. 89

Zwei andere Varianten des Vaterschaftsmotivs fügte Feo-
dor Wehl (1821–90) in seine Bearbeitungen. In einer ersten
Fassung (1850, nicht aufgeführt) machte er aus Theobald
einen Onkel Käthchens; in einer zweiten Fassung (1857)
wird Käthchen am Ende vom Kaiser adoptiert (nach
Stolze).

Nachdichtungen

Läßt der außerordentliche Bühnenerfolg schon auf die große Popularität des »Käthchens« schließen, so wird diese
noch durch mehrere erzählende Nachdichtungen unterstri-
chen.[12] 1841 erschien die »Historie vom Käthchen von
Heilbronn und vom Ritter Wetter vom Strahl« von K.
Z i m m e r m a n n[13]. Auf diese Nacherzählung geht »Das
Käthchen von Heilbronn. Eine wunderbare und anmuthige
Historie« (Reutlingen 1854) zurück, die der Popularschriftsteller Ottmar S c h ö n h u t h (1806–64) verfaßte. Wenn
die beiden Nachdichtungen auch unter ästhetischen Gesichtspunkten kaum beachtenswert sein mögen, so sind sie
im rezeptionsgeschichtlichen Zusammenhang doch auf-
schlußreich. Beide sind um Volkstümlichkeit bemüht und
versuchen vor allem, die märchenhaften Züge des »Käthchens« herauszustreichen. Zimmermann eröffnet seine »Historie« im Märchenstil:

»Vor vielen vielen Jahren lebte zu Heilbronn im Schwabenlande ein Mann, mit Namen Theobald Friedeborn, der
war ein weit und breit berühmter Waffenschmied, desglei-
chen zu seiner Zeit in ganz Deutschland kaum Einer zu
finden gewesen, und hatte ein gar wunderschönes Töchter-
lein, genannt Käthchen.«

> Zimmermann: Historie vom Käthchen von
> Heilbronn. Erfurt: Expedition der Thüringer
> Chronik 1841. S. 3

Schönhuth beschließt seine Erzählung im Märchenstil:

»Graf Friedrich aber verlebte mit seinem holdseligen Käthchen viele Jahre in lauter Liebe und Freude; die alte Gräfin auf Strahlburg und Meister Friedeborn, der [...] gen Strahlenburg
gezogen war, lebten noch lange geliebt und geehrt, und
erst spät drückte ihnen Graf Friedrich und sein Käthchen
die Augen zu.«

> Schönhuth: Das Käthchen von Heilbronn.
> Reutlingen: Fleischhauer 1854. S. 93

12. Es sei hier nur darauf hingewiesen, daß das Stück auch mehrfach
zum Operntext verarbeitet worden ist, vgl. u. a. die Angaben bei
Zolling (Sämtl. Werke, 3. Teil, S. XV).
13. Der Verfasser konnte vom Hrsg. nicht eindeutig identifiziert werden.
Er dürfte wahrscheinlich nicht mit dem Theologen Karl Zimmermann
(1803–77) identisch sein, der sich gelegentlich auch schriftstellerisch versuchte.

Das Käthchen von Heilbronn. Gemälde des Historien- und Genremalers Heinrich Dähling (1773–1850). Landesmuseum Hannover

Die Umsetzung in Prosa bringt in beiden Nachdichtungen
einen Verlust an dramatischer Spannung mit sich. Zimmermann hat die Handlungsabfolge, die bei Kleist in den Berichten vor dem Femgericht nachgetragen wird, von Beginn an chronologisch fortlaufend nacherzählt, so daß seine
»Historie« erst nach 35 Seiten zu der Handlung vor dem
Femgericht gelangt. Noch weiter ging Schönhuth, der zu-
sätzlich den Silvesternachtstraum, also die eigentliche nach-
getragene Exposition bei Kleist, gleich zu Beginn ent-
hüllte (S. 6 ff.). Aus den Details der Umsetzungen geht
hervor, daß beide Kleists Original genau studiert haben;
in einem Punkt jedoch folgten sie der Bühnenbearbeitung
von Holbein. Bei beiden wird Theobald zum Pflegevater
Käthchens:

»Auf dem Zimmer angelangt, ließ sich der Kaiser auf ein
Ruhebette nieder, und theilte dem Erzbischof ein Geheimniß
mit, welches enthielt: Daß Käthchen, in heimlicher Ehe mit
einer vornehmen Dame gezeugt, allerdings seine Tochter,
und Theobald nur ihr Pflegevater gewesen sei.«

                                              Zimmermann, S. 99

Einen Roman von nicht weniger als 1200 Seiten verfaßte
der Popularschriftsteller Stanislaus Graf G r a b o w s k i
(1828–74): »Das Käthchen von Heilbronn. Roman« (3
Theile. Berlin [1869]). Grabowski hat zwar die Fabelstruktur des »Käthchens« beibehalten, aber so breit und
zähflüssig nacherzählt, daß jede dramatische Spannung
verlorenging. Darüber hinaus hat er zahlreiche neue Hand-
lungsteile hinzugedichtet und das Ganze in dem Rahmen
eines breit angelegten historischen Ritterromans gestellt,
der im Jahre 1519 (S. 3) spielen soll und in dem die geschichtliche Situation des frühen 16. Jahrhunderts (Fehden
usw.) ausführlichst geschildert wird.

In den Kontext eines fragwürdigen Begriffs von Volkstümlichkeit wurde das »Käthchen« von dem preußischen
Historiker Heinrich von T r e i t s c h k e (1834–96) gerückt. Er schrieb in einem Kleist-Essay (Preußische Jahrbücher, Bd. 2, Berlin 1858):

»Noch nicht funfzig Jahre sind verflossen, seit es zuerst
an der Wien vor die Lampen trat; und doch mutet es uns

an wie eine Sage uralter Vorzeit, kaum mehr verstanden von der hellen, strengen Gegenwart. Aber wollen wir ermessen, wie wahr Kleist hier das deutsche Leben schildert, mit wie sichrem Griff er an die lautersten und traulichsten Saiten unsres Herzens schlägt, so lassen wir uns von unsern Müttern erzählen, wie bewundernswert ihnen einst der wackre Ritter Wetter vom Strahl erschien, wie entzückt sie dem Käthchen lauschten, wenn sie unter dem Fliederbusche ihre keusche Liebe träumt. Und selbst heute noch können wir die Kraft der Wirkung dieses einfachen Märchens erproben: in unsern Vorstadttheatern weilt ein Publikum, zu arm an Bildung und zu schwer bedrückt von den Sorgen des eigenen Lebens, um die Gewalt des tragischen Schmerzes zu ertragen, und doch nach deutscher Art zu gesetzt, um allein dem Lustspiele zu huldigen. Das ist der rechte Tummelplatz für das ernste Drama mit glücklichem Ausgange; hier hat das Vehmgericht noch seine Schrecken, hier findet der erbärmliche Darsteller des wackren Gottschalk noch seine Bewunderer, die Kunigunde ihre leidenschaftlichen Feinde.«

Nachruhm, Nr. 535

Vom ›Original‹ zum ›Originalsten‹

Zum Auftakt des Gedenkjahres zum 100. Geburtstag (irrtümlich 1876 begangen), in dem mehrere »Käthchen«-Inszenierungen stattfanden, schrieb Heinrich L a u b e (Das Wiener Stadttheater. Leipzig 1875):

»Von Kleist steht nur noch ein einziges Stück auf der Bühne, das ›Käthchen von Heilbronn‹. [...] Und das ›Käthchen‹ selbst – wir müssen's uns eingestehn – ist auch ziemlich alt geworden. Eine verzweifelt reale Zeit sieht mit Befremden ein Ritterstück, dessen Held und Heldin ein Traumleben in die Wirklichkeit verpflanzen, in eine Wirklichkeit, welche grob rittertümlich um sie herum hantiert. Der gute poetische Glaube daran wird heutigen Tags immer seltener, das Theaterpublikum dafür wird also immer kleiner.«

Nachruhm, Nr. 342

In dem Gedenkjahr 1876 kam das »Käthchen« erstmals (abgesehen von der Breslauer Ausnahme 1817) nahezu im

Originaltext auf die Bühne. Der Dramatiker und Regisseur Franz von D i n g e l s t e d t (1814–81) schrieb darüber in einer »Scherbe zum Kleist-Jubiläum 1877«:

»[...] Es ist noch gar nicht lange her, daß sein volkstümlichstes Stück, das Käthchen von Heilbronn, überall in einer fremden und – seien wir mild im Urteil – unvorteilhaften Bearbeitung (aus Holbeins Feder) gegeben worden. Erst in den letzten Jahren wurde, und zwar gleichzeitig auf mehreren Bühnen, das Original in sein Recht wieder eingesetzt; eine Sühne für den Dichter, die dem Stück überall und entschieden genützt hat. [...]«

Nachruhm, Nr. 348

Dingelstedt selbst inszenierte das Stück 1876 am Wiener Burgtheater (vgl. dazu Nachruhm, Nr. 538); er beseitigte lediglich das Motiv der körperlichen Häßlichkeit Kunigundes. Zuvor hatten die Meininger das Stück in Berlin (1. 5. 1876) aufgeführt. Für ihre Inszenierung war der Text zwar gekürzt worden (u. a. um die Badegrottenszenen IV,4–8), doch wurden alle ›anstößigen‹ Motive (auch die Szene V,3) beibehalten. Eine der zahlreichen späteren Gastspielaufführungen der Meininger besprach der Schriftsteller und Literaturhistoriker Rudolf von G o t t s c h a l l (1823–1909):

»Von den Scenen, die Holbein und seine Nachfolger gestrichen haben, um Käthchen so salon- und bühnenfähig wie möglich zu machen, sahen wir zum ersten Male die Scene am Bach [...]. Diese Scene möchten wir nicht missen; sie ist von einer gesunden, man könnte sagen homerischen Naivetät; in ihr ist nichts von dem Somnambulismus, von der willenlos traumhaften Gefolgschaft, durch welche Käthchen sonst an den Ritter geknüpft ist; hier ist sie ganz das naive, schlichte Mädchen; und gerade dieser Zug rückt den ganzen Charakter in eine menschlich heitere Beleuchtung; er zeigt ihn uns in seiner echt menschlichen Freiheit, gegenüber der Sclaverei der Magnetisirten, deren Herz nicht nur, deren Nerven noch mehr im Banne des Magnetismus sind.«

Gottschall: Das Gastspiel der Meininger. Leipziger Zeitung. Wissenschaftliche Beilage 3. 10. 1880. S. 476

Kaum war das Original auf der Bühne, da sollte es schon durch ›Originaleres‹ oder ›Originelleres‹ überboten werden. Der Schriftsteller und Kleist-Herausgeber Karl S i e g e n (1851–1917) erstellte 1879 »auf Grund des ursprünglichen Plans« eine Bearbeitung, die noch bis ins 20. Jahrhundert hinein mehrfach aufgeführt wurde. Siegen wollte Kleists ursprünglichen Plan des Werks z. T. aus den Phöbus-Fragmenten rekonstruieren und fügte Teile des Phöbus-Textes in seine Bearbeitung ein. Vor allem aber griff er die von Tieck erwähnte Nixen-Geschichte auf (vgl. Kap. IV), die Kleist später getilgt haben soll:

Gräfin Helena.
  Da quillt es plötzlich unterm Stein hervor,
  Wie Käthchen mir, das liebe Kind, gebeichtet,
  Und mit Gesang und Schmeichelrede lockte
  Der Nixen Schar die Maid, die bleicht' und, fürcht' ich,
  Wehrlos, der Wellen Raub, verloren war,
  Wär ich nicht selber noch zur rechten Zeit
  Erschienen, sie vom Untergang zu retten.

> Kleist: Das Käthchen von Heilbronn. Zum erstenmal auf Grund des ursprünglichen Plans neu bearbeitet von Karl Siegen. Zweite verbesserte Aufl. Leipzig: Reclam [1900]. UB Nr. 4129. S. 68

Schließlich griff Siegen »unter Beseitigung des fast allgemein rückhaltlos verurteilten gesamten Kaiserspuks« (Vorwort, S. 4) ›mutig‹ zu einer neuen Variante des Vaterschaftsmotivs, vor der alle früheren Bearbeiter des 19. Jahrhunderts wohl zurückgeschreckt waren: Strahl heiratet Käthchen, obwohl sie die eheliche – und bürgerliche Tochter Theobalds bleibt:

Graf vom Strahl.
  Fahr' hin denn, Ahnenstolz, auf immerdar!
  Ich opfre dich dem Adel ihrer Seele.
Theobald.
  Mein Kind, mein Käthchen, nehmt sie hin, Graf Strahl!
  Was Gott vereint, heißt's, soll der Mensch nicht scheiden.

> Ebenda, S. 72

VI. Texte zur Diskussion

Kleist, das »Käthchen« und die Romantik

Für die Diskussion über den ästhetischen und den weltanschaulichen Gehalt des »Käthchens«, die im 20. Jahrhundert geführt wurde und ebenso gegenwärtig fortgeführt wird, ist ein Rezeptionsstrang aus dem 19. Jahrhundert besonders wirksam geworden. Es ist das aus der Sichtweise des klassischen Idealismus ausgesprochene Verdikt, Kleist sei der romantischen Schule zuzurechnen und sein »Käthchen« im besonderen sei vom romantischen Irrationalismus und Mystizismus, kurz: von Krankhaftigkeit geprägt. In Fortführung des Kap. V zur Wirkungsgeschichte ist deshalb aus dem 19. Jahrhundert zunächst das Urteil des klassischen Idealismus nachzutragen. Danach folgt eine Auswahl von einigen wenigen Dokumenten aus dem 20. Jahrhundert, wobei sowohl Äußerungen über Kleist im allgemeinen, als auch über das »Käthchen« im besonderen aufgenommen wurden. Dadurch kann zwar ein zentraler Aspekt der Wirkung im 20. Jahrhundert nachgezeichnet werden, nicht aber die Wirkungsgeschichte in ihrer ganzen Breite.[1]

1. Das Urteil des klassischen Idealismus

Ob G o e t h e in der Tat so mit dem »Käthchen« umgegangen ist, wie es der nachfolgende Bericht von Ernst Wilhelm Weber (Zur Geschichte des Weimarischen Theaters, 1865) kolportiert, mag zweifelhaft sein, zumindest aber ist diese Anekdote später häufig angeführt worden:

»Als Goethe das Kleistsche Käthchen von Heilbronn, was ihm sein treuer Sekretär Kräuter [Riemer?] zubrachte, da

---

1. Zahlreiche – oft persönlich eingefärbte – Äußerungen von Schriftstellern (hier sei nur Gerhart Hauptmann erwähnt, vgl. Nachruhm, Nr. 540) sind nicht berücksichtigt. Ebenso wird keine geschichtliche Ausdifferenzierung vorgenommen (vgl. z. B. zur faschistischen Rezeption Nachruhm, Nr. 484). Auf Dokumente zur Aufführungsgeschichte wird gänzlich verzichtet.

es in Weimar viele entzückte, unter andern Falk und Schulz[e][2], und viele es auf der Bühne zu sehen wünschten, gelesen hatte, sagte er: ›Ein wunderbares Gemisch von Sinn und Unsinn![3] Die verfluchte Unnatur!‹ und warf es in das lodernde Feuer des Ofens mit den Worten: ›Das führe ich nicht auf, wenn es auch halb Weimar verlangt.‹ Kräuter war erschrocken, weil er das Exemplar geborgt hatte.«

Lebensspuren, Nr. 385

Zuverlässiger sind die Goethe-Aufzeichnungen von Johann Daniel Falk. Im Zusammenhang mit Goethes Äußerung über das »Käthchen« (vgl. Kap. V) notierte Falk auch grundsätzliche Bemerkungen von Goethe über Kleist:

»Einst [Ende 1810] kam das Gespräch auf Kleist und dessen ›Käthchen von Heilbronn‹. Goethe tadelt an ihm die nordische Schärfe des Hypochonders; es sei einem gereiften Verstande unmöglich, in die Gewaltsamkeit solcher Motive, wie er sich ihrer als Dichter bediene, mit Vergnügen einzugehen. Auch in seinem ›Kohlhaas‹, artig erzählt und geistreich zusammengestellt, wie er sei, komme doch alles gar zu ungefüg. Es gehöre ein großer Geist des Widerspruches dazu, um einen so einzelnen Fall mit so durchgeführter, gründlicher Hypochondrie im Weltlaufe geltend zu machen. Es gebe ein Unschönes in der Natur, ein Beängstigendes, mit dem sich die Dichtkunst bei noch so kunstreicher Behandlung weder befassen, noch aussöhnen könne. [...]
›Ich habe ein Recht‹, fuhr er nach einer Pause fort, ›Kleist zu tadeln, weil ich ihn geliebt und gehoben habe; aber sei es nun, daß seine Ausbildung, wie es jetzt bei vielen der Fall ist, durch die Zeit gestört wurde, oder was sonst für eine Ursache zum Grunde liege; genug er hält nicht, was er zugesagt. Sein Hypochonder ist gar zu arg; er richtet ihn als Menschen und Dichter zugrunde. [...]‹«

Lebensspuren, Nr. 384

2. Johann Daniel Falk und Johannes Schulze (1786–1869).
3. Dieselbe Formulierung gebrauchte Charlotte Schiller, Schillers Gattin, in einem Brief vom 24. März 1811; der Brief (1860 veröffentlicht) könnte nach Sembdner auf Webers Bericht abgefärbt haben (vgl. Lebensspuren, Nr. 387).

Die bekannteste Äußerung von Goethe über Kleist fiel anläßlich einer Besprechung von Ludwig Tiecks »Dramatur-
gischen Blättern« (Breslau 1826). Tieck war darin mehrfach auf Kleists Werk eingegangen (vgl. Nachruhm, Nr.
273), wozu Goethe bemerkte (1826; gedruckt 1833):

»Seine Pietät gegen Kleist zeigt sich höchst liebenswürdig.
Mir erregte dieser Dichter, bei dem reinsten Vorsatz einer
aufrichtigen Teilnahme, immer Schauder und Abscheu, wie
ein von der Natur schön intentionierter Körper, der von
einer unheilbaren Krankheit ergriffen wäre.[4] Tieck wendet
es um: er betrachtet das Treffliche, was von dem Natürli-
chen noch übrig blieb; die Entstellung läßt er beiseite, ent-
schuldigt mehr, als daß er tadelte; denn eigentlich ist jener talentvolle Mann auch nur zu bedauern, und darin
kommen wir denn beide zuletzt überein. [. . .]«

Nachruhm, Nr. 274

K. W. F. S o l g e r hatte sich schon kurz nach dem Erscheinen der Buchausgabe positiv über das »Käthchen« geäußert (vgl. Kap. V). Später ging er in einem Brief an
Ludwig Tieck (4. 10. 1817) noch einmal ausführlicher auf
Kleist ein:

»Ich gestehe, daß ich anfänglich gegen Kleist das Miß-
trauen hatte, welches uns jetzt wohl gegen jeden ange-
henden, und die Töne der Zeit stark anschlagenden Dichter natürlich ist. In der Penthesilea, in Käthchen von Heilbronn fand ich immer ein sehr hervorstechendes poetisches,
aber wenig eigentlich dramatisches Talent. Was ihn mir
den Dichtern der Zeit gleichstellte, war der große Wert,
den er auf gesuchte Situationen und Effekte, und besonders auf den Gehalt einzelner Charaktere legte, wie auch
ein absichtliches Streben, über das Gegebene und Wirkliche
hinwegzugehn, und die eigentliche Handlung in eine fremde, geistige oder wunderbare Welt zu versetzen, kurz, ein
gewisser Hang zu dem willkürlichen Mystizismus, der am
Ende mehr interessant als wahr und tief sein will. Was

---

4. Darin klingt Goethes bekannte Unterscheidung an: »Das Klassische
nenne ich das Gesunde, und das Romantische das Kranke« (im Gespräch
mit Johann Peter Eckermann, 2. 4. 1829). Vgl. auch Goethes Tagebuch-
notiz vom 11. Juli 1827 (Nachruhm, Nr. 278a).

ihn mir dagegen weit über unsere Dichterlinge erhob, das
war sein tiefes und oft erschütterndes Eindringen in das
Innerste des menschlichen Gefühls [...].«

Solgers briefliche Äußerung – sie wurde 1821 veröffentlicht – nahm Georg Wilhelm Friedrich H e g e l (1770 bis
1831) zum Anlaß für eine andersartige Bewertung von
Kleists Werk (in: Jahrbücher für wissenschaftliche Kritik.
Berlin, März 1828):

»[...] So sehr Solger Kleists Talent achtet, und insbesondere auch die energische und plastische Kraft der äußern
Darstellung anerkennt, welche vorzüglich sich in dessen Erzählungen dokumentiert; so frappiert ihn dennoch der
große Wert, den dieser Dichter auf *gesuchte* Situationen
und Effekte legte, – das *absichtliche* Streben, über das
Gegebene und *Wirkliche* hinweg zu gehen, und die eigentliche Handlung in eine *fremde geistige* und *wunderbare*
Welt zu versetzen, kurz ein gewisser Hang zu einem willkürlichen Mystizismus. Die Selbstfälschung, welche das
dichterische Talent gegen sich ausübte, ist hier treffend
angegeben. Kleist leidet an der gemeinsamen, unglückli-
chen Unfähigkeit, in Natur und Wahrheit das Haupt-
Interesse zu legen, und an dem Triebe, es in Verzerrungen
zu suchen. Der *willkürliche Mystizismus* verdrängt die
Wahrheit des menschlichen Gemüts durch Wunder des
Gemüts, durch die Märchen eines höher sein sollenden
inneren Geisteslebens. – Solger hebt den *Prinzen von
Homburg* desselben Verfassers mit Recht über seine anderen Stücke, weil hier alles im Charakter liege und sich
daraus entwickele. Bei diesem verdienten Lobe wird indes
nicht berücksichtigt, daß der Prinz zu einem somnambulen
Kranken gleich dem Käthchen von Heilbronn gemacht,
und dieses Motiv nicht nur mit seinem Verliebtsein, sondern auch mit seiner Stellung als General und in einer
geschichtlichen Schlacht verschmolzen ist; wodurch das Prin-
zip des Charakters, wie der ganzen Situation und Ver-
wickelung, etwas Abgeschmacktes, wenn man will, gespen-
stig-Abgeschmacktes wird. [...]«

In seiner »Ästhetik« (Vorlesungen, gehalten 1828/29) ging
Hegel auf den Unterschied zwischen den Charakteren im
Werk von Shakespeare und denen im Werk anderer Dich-
ter ein; dabei auch auf das Werk Kleists:

»[...] Wie z. B. Heinrich von Kleist in seinem Käthchen
und Prinzen von Homburg; Charaktere, in denen dem
wachen Zustande fester Konsequenz gegenüber, das Magne-
tische, der Somnambulismus, das Schlafwandeln als das
Höchste und Vortrefflichste dargestellt ist. [...] Bei solcher Zweiheit, Zerrissenheit und inneren Dissonanz des
Charakters meinen sie dem Shakespeare nachgefolgt zu
sein. Aber sie sind weit davon entfernt, denn Shakespeares
Charaktere sind in sich konsequent [...].«

Nachruhm, Nr. 280

2. Mit Goethe und Hegel im Urteil des 20. Jahrhunderts

Der marxistische Historiker und Literaturhistoriker Franz
M e h r i n g (1846–1919) urteilte in seinem Kleist-Essay
zum Gedenkjahr 1911 über das »Käthchen«:

»Jedoch im Grunde sind die Rätsel, in die Kleists Dasein
gehüllt ist, trotz aller eifrigen Arbeit [von bürgerlichen
Literaturhistorikern] nicht gelöst worden, und ob sie nun
so oder so zu erklären versucht worden sind, so bestätigen
sie schließlich das Urteil Goethes, der in Kleist einen
von Natur schön intentionierten, aber von einer unheilbaren Krankheit ergriffenen Körper sah.
Dieser krankhafte Zug geht wie durch Kleists Leben, so
auch durch seine Werke. [...] Und so ist auch, wenigstens
unter seinen größeren Dichtungen, kaum eine, die nicht
unter krankhaften Einfällen litte, unter spukhaften Aus-
wüchsen, die auch dem freudigsten Leser den Genuß emp-
findlich stören: sei es nun, daß der Held als Nachtwandler
handelt und leidet oder die Heldin durch einen vom Himmel kommenden Cherub aus Feuersnot gerettet wird
[...].
Schon im ›Käthchen von Heilbronn‹ [...] zeigt sich eine
ungesunde Schönfärberei des Mittelalters, eine Unsicherheit
des dramatischen Stils, die neben die märchenhaft-rührende

Gestalt der Heldin die abstoßend-realistische Karikatur der Gegenspielerin Kunigunde stellte, und der junkerliche Trick bricht häßlich hervor, indem der biedere Graf Wetter v. Strahl Käthchen trotz ihrer hingebenden Liebe mit der Peitsche zurückweist, solange sie als die eheliche Tochter eines ehrsamen Waffenschmieds gilt, aber sie begeistert als ›Prinzessin von Schwaben‹ zu seinem ehelichen Gemahl erhebt, sobald sich herausstellt, daß sie die Frucht eines kaiserlichen Ehebruchs ist.«

Mehring: Gesammelte Schriften. Bd. 10 Aufsätze zur deutschen Literatur von Klopstock bis Weerth. Berlin: Dietz ²1975. S. 312 f. u. 317 f.

Der Literaturhistoriker Friedrich G u n d o l f (1880 bis 1931) gelangte in seinem umstrittenen Kleist-Buch (1922) zu einem vernichtenden Urteil über das »Käthchen«:

»So ist ein Werk entstanden wo einige spärliche poetische Visionen eingelassen sind in einen Wust bombastischer, ja kitschiger Theater-romantik. Goethes Urteil ist auch hier das richtige: ›Ein wunderbares Gemisch von Sinn und Unsinn. Die verfluchte Unnatur!‹ Auf äußere Anregung hin, wie bei ihm immer zufällig, hatte Kleist die eigentliche Hingabe-dichtung verquickt mit dem ›großen historischen Ritterschauspiel‹. Diese Gattung war längst, seit dem vaterländisch natur- und geschicht-erneuernden Herderischen Impuls der sich in Goethes Götz von Berlichingen verewigt hatte, zu einer Skribenten- und Theaterschablone herabgekommen, zur ›Schundliteratur‹. [...] Ein eigentümlich krank-weiches Zwielicht, ein schwüler und etwas giftig süßer Duft liegt zumal über der somnambulen Frage-szene unter dem Hollunderbaum. Die Kleistische Frage- und Spannungstechnik feiert auch hier wieder ihre szenischen Triumphe, und die dämmerige Entrücktheit von Kleists eigener Seele hat hier wie in der Penthesilea wieder schwellend sanfte, schmerzlich zuckende Sprachtöne gefunden. Alles andere aber ist nicht nur den Motiven, sondern auch der Behandlung und oft sogar der Diktion nach undichterischer Durchschnitts-kitsch, Ritter- und Räuberromantik im übleren Sinne. Die Charaktere sind teils blasse, teils verzerrte Schablonen, die Handlung ohne innere Folge und Bewegung ganz auf äußeres Ereignis und verwirrendes Eingreifen von Wundermächten oder willkürliche Lösung von platten Geheimnissen gestellt, das Schicksal nicht eines mit, über und aus den Charakteren, sondern nebenher, die Mächte nicht (wie bei Shakespeare) atmosphärische Ausstrahlung der Seelen, nicht Schicksals-bindung und Verhängnis, sondern platte und nüchterne Wundermaschine [...].«

> Gundolf: Heinrich von Kleist. Berlin: Bondi 1922. S. 110 f.

Der marxistische Philosoph und Literaturhistoriker Georg Lukács (1885–1971) veröffentlichte 1937 in der Moskauer Exilzeitschrift »Internationale Literatur« seinen Aufsatz »Die Tragödie Heinrich von Kleists«. Lukács' Urteil über Kleist war für die spätere marxistische Kleist-Rezeption außerordentlich folgenreich:

»Kleist repräsentiert in der schroffsten Weise die romantische Opposition, mit allen ihren reaktionären Tendenzen, gegen den klassischen Humanismus der Weimarer Periode Goethes und Schillers. [...]
Die großen Dramen der erotischen Leidenschaft, die bei Kleist auf den Guiscard-Zusammenbruch folgen (›Amphitryon‹, ›Penthesilea‹, ›Das Käthchen von Heilbronn‹), führen in der subjektivistischen Richtung weiter. Im Zentrum des Dramas steht niemals ein Konflikt der objektiven gesellschaftlich-geschichtlichen Mächte miteinander oder der Konflikt der individuellen Leidenschaft mit einer solchen objektiven Macht. Im Gegenteil, ganz bewußt und radikal wird die innere Dialektik von rein subjektiven, rein erotischen Leidenschaften ins Zentrum des Dramas gerückt.
[...] Ihm fehlt, um – wie Wieland hoffte – ein neuer Shakespeare zu werden, ›nur‹ die Klarheit des Weltbilds und ›nur‹, als notwendige Folge einer solchen Klarheit bei großen Dichtern, der gesunde, der vernünftige Hang zu einer normalen Auffassung der Leidenschaften. Aber in diesem ›nur‹ liegt eine ganze Welt. Kleists Käthchen ist zum Beispiel ihrer Anlage nach eine der schlichtesten und lieblichsten Gestalten des deutschen Dramas; fast zu Goethes Gretchen und Klärchen hinaufreichend. Nur dadurch, daß Kleist ihrer schönen Stärke und Opferfähigkeit romantisch-pathologische und nicht normal-menschliche seelische Grundlagen gibt, wird sie in der Ausführung verkümmert und verzerrt. [...]

Aber Kleist geht dabei – ebenso wie das moderne Drama im engeren Sinne – nur psychologisch in die Tiefe, gesellschaftlich-historisch bleibt er bei der unmittelbar gegebenen Erscheinungsform dieser Konflikte stehen, gestaltet nicht jene gesellschaftlichen Mächte, die diese Psychologie und ihre Konflikte in Wirklichkeit, den Individuen freilich unbewußt, hervorbringen. Kleist ist also der erste bedeutende Dramatiker des 19. Jahrhunderts, der das Drama, diese gesellschaftliche Form der Dichtung par excellence, zu *privatisieren* beginnt. Darum ist er der größte Ahnherr der modernen Dramatik im engeren Sinne, Vorbild für die Verzerrung und Auflösung der dramatischen Form in der Niedergangsperiode der bürgerlichen Literatur.«

Lukács: Werke. Bd. 7 Deutsche Literatur in zwei Jahrhunderten. Neuwied u. Berlin: Luchterhand 1964. S. 202, 214 u. 220 f.

Die Schriftstellerin Anna Seghers (geb. 1900) formulierte in einem Briefwechsel mit Lukács (veröffentlicht in: Internationale Literatur. Nr. 5. Moskau 1939) Einwände gegen den Kleist-Aufsatz und wandte sich besonders gegen Lukács' Anlehnung an Goethes Romantik- und Kleist-Verdikte. In seinem Antwortbrief (29. 7. 1938) begründete L u k á c s nochmals, warum er Kleists Werk für dekadent hielt. Nun führte er jedoch keine ästhetischen Argumente an, sondern politische:

»Und damit sind wir bei meinem Zentralproblem, bei der Frage der Dekadenz angelangt. [...]
Der Gegensatz zwischen Goethe und Kleist läßt sich natürlich in einem noch so ausführlichen Brief nicht darstellen. Ich möchte Dich nur auf eines aufmerksam machen, nämlich auf die Beziehung beider zu Frankreich, zu Napoleon. Was immer Napoleon sonst gewesen sein mag, er war für Teile von Deutschland ein Zertrümmerer der Reste des Feudalismus. Als solchen haben ihn die größten Deutschen dieser Zeit, die Goethe und Hegel, verehrt. [...] Kleist hat in dieser Zeit die Mischung von Reaktion und Dekadenz repräsentiert. *Darum* hat ihn Goethe abgelehnt.«

Lukács: Werke. Bd. 4 Essays über Realismus. Neuwied u. Berlin: Luchterhand 1971. S. 359

Thomas M a n n (1875–1955) hatte 1927 in einer Um-
frage (»Wie stehst du zu Kleist?«) geäußert, Goethes
»Kälte gegen die Erscheinung Kleists« sei ihm »immer un-
begreiflich und tadelnswert« erschienen (vgl. Nachruhm,
Nr. 467). Nach dem Krieg änderte er – wenn auch mit
Einschränkungen – diese Auffassung (vgl. auch Nachruhm,
Nr. 500a). In einer Einleitung zu einer amerikanischen
Ausgabe von Kleists Erzählungen schrieb Mann (»Heinrich
von Kleist und seine Erzählungen«, 1954):

»Die abweisende Antipathie Goethe's gegen dies wilde
Phänomen, ein Genie, zu elementar, um sich je an ein Ge-
setzlich-Überliefertes in Bildung und Kunst zu binden, –
wie begreife ich, wie *teile* ich sie! [...] Daß er quälend
hypochondrisch, unverträglich mit dem Leben, krankhaft
radikal war, immer zu pathologischer Stoffwahl, zum
Somnambulen, Traumverzückten [...] – das alles ist wahr.
[...] Und die überschwengliche Naivität und schon paro-
distische Volkstümlichkeit des ›Käthchens von Heilbronn‹,
eines alle Romantik ausromantisierenden Ritterstückes,
darin es nichts als Schlafwandel, Doppelgängertum und
Cherubsgeleite durch Feuer und Wasser gibt, ist auch nicht
jedermanns – war jedenfalls nicht Goethes Sache.«

Mann: Nachlese. Stockholmer Gesamtausgabe.
Berlin u. Frankfurt a. M.: S. Fischer 1956. S. 16

Ernst F i s c h e r (1899–1972), ein österreichischer Mar-
xist, veröffentlichte 1961 einen Kleist-Essay, in dem er
zwar von der weitgehenden Ablehnung, die Kleist von
der marxistischen Kritik sonst entgegengebracht wurde,
abrückte, doch über das »Käthchen« schrieb Fischer:

»Man mag die Schroffheit, mit der Goethe Kleist gegenüber-
trat, für ein Unrecht halten, sich an Hebbels Wort erinnern,
er habe ›vor dem neu aufbrechenden Frühling‹ die Augen
zugekniffen – daß er jedoch das ›Käthchen von Heilbronn‹
ärgerlich ins Feuer warf, scheint mir gerechtfertigt!
Kein Cherub vermag das Käthchen aus dem stürzenden
Gemäuer eines literarisch verfälschten Mittelalters zu retten [...]. Mit diesem Theaterstück war Kleist in den Bann-
kreis der Deutschen Romantischen Schule geraten (von der
er sich vorher und nachher zu distanzieren verstand), und

trotz der enormen Gestaltungskraft, [...] trotz der Poesie,
die süß und beklemmend wie der Geruch des Holunder-
strauchs durch das rasselnde Ritterstück weht, ist die gesamte Dichtung mißraten. [...] Nicht die spitzfindigste Me-
taphysik, nicht der biederste Kniefall vor der ›Deutschheit‹
des Käthchens, vor ihren blauen Kinderaugen kann über
den *Mißbrauch des Märchens* hinwegtäuschen, über die
Mischung von Somnambulismus und göttlicher Vorsehung,
über den Engel, der bis zum Überdruß für Käthchen in-
terveniert, und den Kaiser, der sie unter dem Druck des
Jenseits als seine Tochter, Frucht eines Ehebruchs mit der
Gattin des Waffenschmieds, anerkennt. [...]
Das unbestimmte Mittelalter, das Kleist in diesem Schauspiel heraufbeschwört, unterscheidet sich unvorteilhaft von
dem konkreten, unbeschönigten des ›Michael Kohlhaas‹.
Die gesellschaftliche Unsicherheit Kleists, der gleichzeitig
am ›Michael Kohlhaas‹ und am ›Käthchen von Heilbronn‹
arbeitete, war ein Reflex der deutschen Situation: einer-
seits Anklage gegen ein verfaulendes, unter den Fußtritten
Napoleons in Brüche gehendes System, andererseits das
Verlangen, *alles* zum Widerstand gegen die Fremdherr-
schaft zu vereinigen.«

Fischer: Heinrich von Kleist. In: E. F.,
Auf den Spuren der Wirklichkeit. Sechs
Essays. Reinbek: Rowohlt 1968. S. 119–122

Im Rahmen einer Diskussion: »Für und wider ›Käthchen von
Heilbronn‹«, welche die Zeitschrift »Theater der Zeit« 1962
veröffentlichte (vgl. Kap. VII,3), wurde Fischers Beitrag
noch einmal abgedruckt. Ausgelöst wurde die Diskussion
durch einen Artikel von Hansjörg Schneider (vgl. Kap. VII,3),
worin der Regisseur des Kleist-Theaters Frankfurt a. d. O.
seine »Gedanken« zu einer »Käthchen«-Inszenierung im Gedenkjahr 1961 dargelegt hatte. Schneiders Artikel nahm der
Literaturwissenschaftler Ernst Schumacher zum Anlaß für
eine Polemik gegen die »Jungfrau von Brandenburg«, wie er
das Drama nannte (vgl. Kap. VII,3). Wie Fischer zeigte auch
Schumacher Verständnis dafür, daß Goethe das »Käthchen«
ins Feuer geworfen habe, und gelangte zu dem vernichtenden
Schluß, es gäbe »bestimmte klassische Werke, die man bei
aller Achtung vor dem ›klassischen Erbe‹ mit der fortge-
schrittenen Entwicklung der Gesellschaft [...] ganz einfach

nicht mehr spielen« könne. Die Argumente »für und wider«
das Stück faßte Hans-Rainer John, der Chefredakteur von
»Theater der Zeit«, in seinem Schluß-Artikel (»Kein Schluß-
wort«) zu einer offenen Frage zusammen. Die Aufgabe, das
»Käthchen« für die Spielpläne der Bühnen in der DDR zu
gewinnen, schrieb John, sei noch immer nicht gelöst, und
fragte: »Ist sie überhaupt lösbar?«

Der Literaturwissenschaftler Hans Mayer (geb. 1907)
schrieb 1962 in seiner Studie »Heinrich von Kleist. Der
geschichtliche Augenblick«:

»Goethe versteht das Unklassische an Kleist als typisches
Zeitphänomen. Die Romantiker empfanden den Mann als
eigentlich nicht zugehörig. Preußentum der alten Schule
oder gar junkerlicher Adelsstolz waren nicht Kleists Sache.
Worin also bestand die eigentliche Lebenstragik dieses
Künstlers? [...] *Hier unsere Behauptung:* weit davon entfernt, den Konflikt eines preußischen Aristokraten mit
seiner adligen Umwelt oder auch die Zwischensituation
zwischen Adel und Bürgertum [...] auszudrücken, ist die
Lebenstragik Heinrich von Kleists nahezu ausschließlich
durch die Problematik des deutschen Bürgertums, seiner
Lebensanschauungen wie seiner Kunstideale bestimmt. Kleist
bedeutet eine entscheidende Etappe in der Entwicklung
bürgerlichen Denkens in Deutschland. Seine Krisen sind
Krisen der bürgerlichen Weltanschauung, sein Scheitern
deutet auf die Anfänge einer bereits einsetzenden tiefen
bürgerlichen Gesellschaftskrise. [...] Die Romantiker er-
strebten die Zurücknahme der Aufklärung. Kleists tragi-
sche Krise dagegen war eine Krise eben dieser bürgerlichen
Aufklärung in Deutschland. [...]
Das *Käthchen von Heilbronn* freilich – man muß darauf
kommen! – wurde zum Beweis für Kleists Junkertum angeführt. Hier liege eine ›Zurücknahme‹ von *Kabale und
Liebe* vor [...]. Aber muß wirklich entgegnet werden, daß
Kleist kein bürgerliches Trauerspiel, sondern ein *Märchen*
schrieb? Heilbronn liegt im Kinder- und Märchenland
[...].«

                    Mayer: Heinrich von Kleist. Pfullingen: Neske
                    1962. S. 15 f. u. 41 f.

Der Literaturwissenschafter Peter S z o n d i (1929–71)
ging in seiner Vorlesung »Antike und Moderne in der
Ästhetik der Goethezeit« (zuletzt 1970 gehalten) auf das
Krankheitsverdikt ein:

»Krankheit, Unnatur: das sind Urteile, die übers Ästhetische weit hinausgreifen, und nicht bloß ein Kunstwerk als
schlechtes verwerfen, sondern den Weg bahnen zu einem
Verdikt, von dem das Lebensrecht des Künstlers selber er-
eilt wird [...]. Das beginnt mit der Verdammung der
französischen Klassik als naturferner Kunst, führt zu
Goethes Urteil über die Kleistsche Dichtung als Zeichen
von Krankheit, von Hypochondrie, und mündet in die Bar-
barei, in der, was der eigenen Vorstellung vom Gesunden
sich nicht fügte, als entartet verfolgt wird: die Kunst
ebenso wie der Künstler, die eine wird verbrannt, der andere, im besten Fall, mit Berufsverbot belegt.«

Szondi: Poetik und Geschichtsphilosophie I.
Hrsg. von Senta Metz u. Hans-Hagen Hilde-
brandt. Frankfurt a. M.: Suhrkamp 1974.
S. 53

Im Vorfeld des Gedenkjahres 1977 griff der Schriftsteller
Günter K u n e r t (geb. 1929) Szondis Äußerung auf und
legte sie seinem »Pamphlet für K.« zugrunde. Kunert
setzte sich mit den Fortwirkungen des Goetheschen Krank-
heitsverdikts in der Literaturgeschichtsschreibung der DDR
auseinander, wobei er sich auf einen symptomatischen
Kleist-Artikel im »Lexikon deutschsprachiger Schriftsteller« (Leipzig 1972) berief. Sein »Pamphlet für K.« sollte
ursprünglich in einem Sammelband zum 200. Geburtstag
Kleists erscheinen, wurde jedoch abgelehnt und statt dessen
in der Zeitschrift »Sinn und Form« (1975) veröffentlicht,
und zwar mit der Ankündigung, daß zu Kunerts Thema
eine »Aussprache« veranstaltet werden solle. Die Diskussion über Kleist und die Romantik ist also mitnichten schon
abgeschlossen und wird sicher auch im Gedenkjahr 1977
fortgeführt werden. Kunert schrieb:

»Es wird in diesem sogenannten Lexikon ein Begriff des
Pathologischen verwendet, der sich blind auf die Klassik
stützt statt auf die heutigen Erkenntnisse der Psychologie,
geschweige denn auf Psychoanalyse, und der gänzlich un-

berührt ist von den allergeringsten literaturgeschichtsnoto-
rischen Einsichten in die seelischen und geistigen Voraus-
setzungen des Schreibens. Keine Spur von Einsicht, daß
jedes wirklich große und bedeutende Kunstwerk aus einer
extremen (nicht ›normalen‹) Geistes- und Gefühlsverfas-
sung produziert wird; nämlich: daß erst einer erkranken
muß an der Welt, um sie diagnostizieren zu können als
das Heillose schlechthin; daß alle große Literatur, bewußt
oder unbewußt, solche Diagnose enthält, wohingegen eine
Welt, die sich als ›gesund‹ deklariert und ihren Diagnosti-
ker für krank, soweit selber der Normalität enträt, daß
sie ihre eigenen Leiden verkennt oder diese als ein Zeichen
besonderer Vitalität sogar noch ausstellt.«

Kunert: Pamphlet für K. In: Sinn und Form.
27. Jg. (1975) S. 1092 f.

VII. Literaturhinweise

1. Texte und Dokumente

Fragment aus dem Schauspiel: Das Käthchen von Heilbronn, oder die Feuerprobe. In: Phöbus. Ein Journal für die Kunst. Hrsg. von Heinrich von Kleist und Adam H. Müller. Jg. 1. 4./5. Stück. Dresden. April/Mai 1808. S. 75–104. – Zweites Fragment des Schauspiels: Käthchen von Heilbronn. In: Ebd. Jg. 1. 9./10. Stück. September/Oktober 1808. S. 15–54. [Erstdruck.] – Reprogr. Nachdr. Nachw. und Komm. von Helmut Sembdner. Darmstadt: Wissenschaftliche Buchgesellschaft / Stuttgart: Cotta, 1961.

Das Käthchen von Heilbronn oder die Feuerprobe ein großes historisches Ritterschauspiel von Heinrich von Kleist. Aufgeführt auf dem Theater an der Wien den 17. 18. und 19. März 1810. Berlin: Realschulbuchhandlung, 1810.

Gesammelte Schriften. Hrsg. von Ludwig Tieck. 3 Tle. Berlin: Reimer, 1826. [»Das Käthchen von Heilbronn« in Tl. 2.]

Sämtliche Werke. Hrsg. von Theophil Zolling. 4 Tle. Berlin/Stuttgart: Spemann, [1885]. (Deutsche National-Litteratur. Hrsg. von Joseph Kürschner. Bd. 149,1.2 und Bd. 150,1.2.) [»Das Käthchen von Heilbronn« in Tl. 3.]

Werke. Im Verein mit Georg Minde-Pouet und Reinhold Steig hrsg. von Erich Schmidt. 5 Bde. Leipzig/Wien: Bibliographisches Institut, [1904 bis 1906]. [»Das Käthchen von Heilbronn« in Bd. 2. Lesarten in Bd. 4.]

Sämtliche Werke und Briefe. Hrsg. von Helmut Sembdner. 2 Bde. 5., verm. und rev. Aufl. München: Hanser, 1970. [Zit. als: SW. – »Das Käthchen von Heilbronn« in Bd. 1.]

Werke und Briefe in vier Bänden. Hrsg. von Siegfried Streller. Berlin/Weimar: Aufbau, 1978. [»Das Käthchen von Heilbronn« in Bd. 2.]

Sämtliche Werke und Briefe. Hrsg. von Ilse-Marie Barth, Klaus Müller-Salget, Stefan Ormanns und Hinrich C. Seeba. 4 Bde. Frankfurt a. M.: Deutscher Klassiker Verlag, 1987–94. [»Das Käthchen von Heilbronn« in Bd. 2.]

Sämtliche Werke und Briefe. Hrsg. von Helmut Sembdner. 2 Bde. 9., verm. und rev. Aufl. München: Hanser, 1993. [»Das Käthchen von Heilbronn« in Bd. 1.]

Heinrich von Kleists Lebensspuren. Dokumente und Berichte der Zeitgenossen. Hrsg. von Helmut Sembdner. [3.,] erw. Aufl. München: Deutscher Taschenbuch Verlag, 1969. [Zit. als: Lebensspuren.]

Heinrich von Kleists Nachruhm. Eine Wirkungsgeschichte in Dokumenten. Hrsg. von Helmut Sembdner. Bremen: Schünemann, 1967. [Zit. als: Nachruhm.]

Dichter über ihre Dichtungen. Heinrich von Kleist. Hrsg. von Helmut Sembdner. München: Heimeran, 1969.

2. Bearbeitungen, Nachdichtungen, Parodien

(Verzeichnet sind nur Werke des 19. Jahrhunderts)

Das Käthchen von Heilbronn. Großes romantisches Ritterschauspiel in fünf Aufzügen. Nebst einem Vorspiele in einem Aufzuge, genannt: Das heimliche Gericht. Von Heinrich von Kleist. Für die Bühne bearbeitet von [Franz Ignaz von] Holbein. Pesth 1822. ²1834. ³1860.

Karl Meisl: Die Kathi von Hollabrunn. Parodie des »Käthchen von Heilbronn«. [Uraufführung: Wien, Theater in der Leopoldstadt, 11. März 1831. – Bühnenms. der Stadtbibliothek Wien. Signatur: JA 25.725.]

Friedrich Radewell [d. i. Ludolf Wienbarg]: Tyll Eulenspiegel. Komödie. Hamburg 1840.

Historie vom Käthchen von Heilbronn und vom Ritter vom Strahl. Von K. Zimmermann. Erfurt 1841. Leipzig [1846].

Das Käthchen von Heilbronn oder die Feuerprobe. Ein großes historisches Ritterschauspiel von Heinrich von Kleist, für die Bühne eingerichtet von Eduard Devrient. Dresden [1852].

Das Käthchen von Heilbronn. Eine wunderbare und anmuthige Historie. Neu erzählt für Alt und Jung von Ottmar F. H. Schönhuth. Reutlingen 1854.

Das Käthchen von Heilbronn. Historisches Ritter-Schauspiel in fünf Akten. Von Heinrich von Kleist. Für die Bühne eingerichtet von Heinrich Laube. Wien 1857.

Das Käthchen von Heilbronn. Roman von Stanislaus Graf Grabowski. 3 Theile. Berlin [1869].

Das Käthchen von Heilbronn. Grosses historisches Ritterschauspiel in fünf Acten. Offizielle Ausgabe, nach dem Scenarium des Herzoglich Meining'schen Hoftheaters bearbeitet. Dresden 1879.

Das Käthchen von Heilbronn oder Die Feuerprobe. Dramatisches Märchen in fünf Akten von Heinrich von Kleist. Bühnenausgabe. Zum erstenmal auf Grund des ursprünglichen Plans neu für Bühne und Haus bearbeitet von Karl Siegen. Leipzig 1890. 2., verb. Aufl. Leipzig 1900.

3. Untersuchungen

Adolf, Helen: Kleist's Kunigunde, Jung-Stilling, and the Motif of the Paradox. In: The Journal of English and Germanic Philology 52 (1953) S. 312–321.

Behme, Hermann: Heinrich von Kleist und C. M. Wieland. Heidelberg 1914.

Beiträge zur Kleist-Forschung. Frankfurt a. d. O. 1981. (Kleist-Gedenk- und Forschungsstätte.) [Beitr. zum »Käthchen von Heilbronn« von Siegfried Streller, Alexander Weigel, Peter Goldammer, Jürgen Barber und Wolfgang Barthel.]

Blaesing, Edith: Kleists Käthchen von Heilbronn. Gestalt und Gehalt. Diss. [masch.] Marburg 1945.

Blankennagel, John C.: The Dramas of Heinrich von Kleist. Chapel Hill 1931.

Brahm, Otto: Das Leben Heinrichs von Kleist. Neue Ausg. [4. Aufl.] Berlin 1911. [Zuerst 1884.]

Braig, Friedrich: Heinrich von Kleist. München 1925.

Browning, Robert M.: Kleist's Käthchen and the Monomyth. In: Studies in the German Drama. A Festschrift in Honor of Walter Silz. Chapel Hill 1974. S. 115–123.

Corssen, Meta: Kleist und Shakespeare. Weimar 1930.

Cullens, Chris / Mücke, Dorothea von: Love in Kleist's »Penthesilea« and »Käthchen von Heilbronn«. In: Deutsche Vierteljahrsschrift für Literaturwissenschaft und Geistesgeschichte 63 (1989) S. 461–493.

Delbrück, Hansgerd: Warum das Käthchen von Heilbronn die Feuerprobe besteht. Geschichte, Mythologie und Märchen in Kleists »historischem« Ritterschauspiel. In: Spuren. Festschrift für Theo Schumacher. Hrsg. von Heidrun Colberg und Doris Petersen. Stuttgart 1986. S. 267–301.

Dettmering, Peter: Heinrich von Kleist. Zur Psychodynamik in seiner Dichtung. München 1975.

Fischer, Ernst: Heinrich von Kleist. In: Sinn und Form 13 (1961) S. 759–844. – Wiederabgedr. in: Heinrich von Kleist. Aufsätze und Essays. Hrsg. von Walter Müller-Seidel. Darmstadt 1967. S. 459 bis 552; und in: E. F.: Auf den Spuren der Wirklichkeit. Reinbek 1968. S. 70–155.

Fricke, Gerhard: Gefühl und Schicksal bei Heinrich von Kleist. Berlin 1929.

Für und wider »Käthchen von Heilbronn«. In: Theater der Zeit 17 (1962) H. 3. S. 16–19. Ebd. H. 4 S. 12–14. Ebd. H. 5. S. 33–35. [Mit Beitr. von

Hansjörg Schneider, Liane Krause, Ernst Fischer, Edith Braemer, Hans-Dieter Mäde und Hans-Rainer John.]

Gerrekens, Louis: Nun bist du ein verschloßner Brief. Wörtlichkeit und Bildlichkeit in Heinrich von Kleists »Käthchen von Heilbronn« und »Familie Schroffenstein«. Frankfurt a. M. 1988.

Gönner, Gerhard: Von »zerspaltenen Herzen« und der »gebrechlichen Einrichtung der Welt«. Versuch einer Phänomenologie der Gewalt bei Kleist. Stuttgart 1989.

Goldschmidt, Didier: Une figure d'amoureuse: Catherine d'Heilbronn. Un entretien avec Eric Rohmer. In: Les langues modernes 74 (1980) S. 393–398.

Grathoff, Dirk: Beerben oder Enterben? Probleme einer gegenwärtigen Aneignung von Kleists »Käthchen von Heilbronn«. In: Lesen 2. Der alte Kanon neu. Zur Revision des literarischen Kanons in Wissenschaft und Unterricht. Hrsg. von W. Raitz und E. Schütz. Opladen 1976. S. 136–175.

– Kleists Geheimnisse. Unbekannte Seiten einer Biographie. Opladen 1993. [Bes. S. 131 ff.]

Grötz, Alfred: Heinrich von Kleists »Käthchen von Heilbronn«. Diss. [masch.] Köln 1921.

Grözinger, Wolfgang: Kleists Käthchen am Lippeschen Hof. In: Deutsche Zeitung, Stuttgart. Nr. 89. 18./19. Juli 1959.

Gundolf, Friedrich: Heinrich von Kleist. Berlin 1922.

Harlos, Dieter: Die Gestaltung psychischer Konflikte einiger Frauengestalten im Werk Heinrich von Kleists: Alkmene, Die Marquise von O. . ., Penthesilea, Käthchen von Heilbronn. Frankfurt a. M. / Bern 1984.

Hellmann, Hanna: Heinrich von Kleist. Darstellung des Problems. Heidelberg 1911.

Herzog, Wilhelm: Heinrich von Kleist. Sein Leben und Werk. München 1911.

Hirt, Ursula: Käthchen und Griseldis. Zur Problematik der »gänzlich sich hingebenden« Frau in Heinrich von Kleists »Käthchen von Heilbronn«. In: Positionen 1. Beiträge zur Germanistik. Heinrich von Kleist 1777–1811. Hrsg. von Peter Horn. [Kapstadt, 1977.] S. 63–81.

Holz, Hans Heinz: Macht und Ohnmacht der Sprache. Untersuchungen zum Sprachverständnis und Stil Heinrich von Kleists. Frankfurt a. M. / Bonn 1962.

Holzgraefe, Wilhelm: Schillersche Einflüsse bei Heinrich von Kleist. Cuxhaven 1902.

Hubbs, Valentine C.: The Plus and Minus of Penthesilea and Käthchen. In: Seminar. A Journal of Germanic Studies 6 (1970) S. 187–194.

Huff, Steven R.: The Holunder-Motif in Kleist's »Käthchen von Heilbronn« and Its Nineteenth-Century Context. In: The German Quarterly 64 (1991) S. 304–312.

John, Hans-Rainer: Kleists »Käthchen« auf der Bühne. Nach Aufführungen in Thale und Frankfurt a. d. O. In: Theater der Zeit 16 (1961) H. 10. S. 40–44.

Kaiser, Tino: Vergleich der verschiedenen Fassungen von Kleists Dramen. Bern/Leipzig 1944.

Kayka, Ernst: Kleist und die Romantik. Berlin 1906.

Kienzle, Otto: Kleists »Käthchen« und seine Beziehung zu Heilbronn. Legende und Wirklichkeit. In: Jahrbuch der Kleist-Gesellschaft (1938) S. 40–52.

Kittler, Wolf: Die Geburt des Partisanen aus dem Geist der Poesie. Heinrich von Kleist und die Strategie der Befreiungskriege. Freiburg i. Br. 1987.

Klüger, Ruth: Die andere Hündin: Käthchen. In: Kleist-Jahrbuch (1993) S. 103–115.

Koch, Friedrich: Heinrich von Kleist. Bewußtsein und Wirklichkeit. Stuttgart 1958.

Korff, Hermann August: Geist der Goethezeit. Tl. 4: Hochromantik. Darmstadt [bzw. Leipzig] ⁸1974.

Kreutzer, Hans Joachim: Die dichterische Entwicklung Heinrichs von Kleist. Berlin 1968.

Lechner, Wilhelm: Gotthilf Heinrich von Schuberts Einfluß auf Kleist, Justinus Kerner und E. T. A. Hoffmann. Leipzig 1911.

Lersch, Philipp: Der Traum in der deutschen Romantik. München 1923.

Lütteken, Anton: Die Dresdener Romantik und Heinrich von Kleist. Leipzig 1917.

Lyon, Charles Edwin: The Phöbus Fragment of Kleist's Käthchen von Heilbronn. In: The Journal of English and Germanic Philology 14 (1915) S. 35–55.

Martini, Fritz: Heinrich von Kleist und die geschichtliche Welt. Berlin 1940.

– »Das Käthchen von Heilbronn« – Heinrich von Kleists drittes Lustspiel? In: Jahrbuch der Deutschen Schillergesellschaft 20 (1976) S. 420–447.

Mayer, Hans: Heinrich von Kleist. Der geschichtliche Augenblick. Pfullingen 1962.

Merkel, Franz Rudolf: Der Naturphilosoph Gotthilf Heinrich Schubert und die deutsche Romantik. München 1913.

Meyer-Benfey, Heinrich: Das Drama Heinrich von Kleists. Bd. 2: Kleist als vaterländischer Dichter. Göttingen 1913.

Mommsen, Katharina: Kleists Kampf mit Goethe. Heidelberg 1974.

Morris, Max: Das Käthchen von Heilbronn und Gotthilf Heinrich Schubert. In: M. M.: Heinrich von Kleists Reise nach Würzburg. Berlin 1899. S. 34–43.

Muschg, Walter: Kleist. Zürich 1923.

Neumann, Gerhard: Hexenküche und Abendmahl. Die Sprache der Liebe im Werk Heinrich von Kleists. In: Freiburger Universitätsblätter 25 (1986) S. 9–31.

– ».. . Der Mensch ohne Hülle ist eigentlich der Mensch«. Goethe und Heinrich von Kleist in der Geschichte des physiognomischen Blicks. In: Kleist-Jahrbuch (1988/89) S. 259–279.

Peters, Uwe Henrik: Somnambulismus und andere Nachtseiten der menschlichen Natur. In: Kleist-Jahrbuch (1990) S. 135–152.

Petsch, Robert: Das Käthchen von Heilbronn. Einige neue Beiträge zur Erklärung des Dramas. In: Germanisch-Romanische Monatsschrift 6 (1914) S. 389–405.

Prel, Carl du: Käthchen von Heilbronn als Somnambule. In: Allgemeine Zeitung, München. Nr. 320. 18. November 1890.

Rahmer, Sigismund: Heinrich von Kleist als Mensch und Dichter. Berlin 1909.

Reeve, William C.: Corrections or Confusion? Two Contentious Variants from Kleist's »Käthchen von Heilbronn«. In: German Life & Letters 40 (1986/87) S. 1–10.

– »O du, wie nenn ich dich?« Names in Kleist's »Käthchen von Heilbronn«. In: German Life & Letters 41 (1987/88) S. 83–98.

Reske, Hermann: Traum und Wirklichkeit im Werk Heinrich von Kleists. Stuttgart/Berlin/Köln/Mainz 1969.

Riethmüller, Helmut: Wunder und Traum bei Heinrich von Kleist. Diss. [masch.] Tübingen 1956.

Ritzler, Paula: Der Traum in der Dichtung der deutschen Romantik. Bern 1943.

Röbbeling, Friedrich: Kleists Käthchen von Heilbronn. Halle a. d. S. 1913. – Reprogr. Nachdr. Tübingen 1973.

Schmidt, Herminio: Heinrich von Kleist. Naturwissenschaft als Dichtungsprinzip. Bern 1978.

Schmidt, Herta: Kleist als Romantiker im Hinblick auf das ›Androgynen‹-Problem. Diss. [masch.] Frankfurt a. M. 1950.

Schmidt, Jochen: Heinrich von Kleist. Studien zu seiner poetischen Verfahrensweise. Tübingen 1974.

Schneider, Hansjörg: Gedanken zu »Käthchen von Heilbronn«. In: Theater der Zeit 16 (1961) H. 7. S. 24–26.

Schumacher, Ernst: Die Jungfrau von Brandenburg. In: Theater der Zeit 16 (1961) H. 12. S. 22–26.

Schwerte, Hans: Das Käthchen von Heilbronn. In: Der Deutschunterricht 13 (1961) H. 2. S. 5–26.

Sembdner, Helmut: Das Detmolder »Käthchen von Heilbronn«. Eine unbekannte Bühnenfassung Heinrich von Kleists. Heidelberg 1981. [Rez. von Dirk Grathoff in: Kleist-Jahrbuch (1983) S. 205–214. – Replik von H. S. in: In Sachen Kleist. München/Wien ²1984. S. 322f.]

– Kleist und sein »Käthchen von Heilbronn« (1977). In: H. S.: In Sachen Kleist. München/Wien ²1984. S. 282–295.

Singer, Herbert: Kleists ›Verhöre‹. In: Studi in onore di Lorenzo Bianchi. Hrsg. von Mario Pensa und Horst Rüdiger. Bologna 1960. S. 423–442.

Stahl, Ernest Ludwig: Heinrich von Kleist's Dramas. Oxford 1961. [Zuerst 1948.]

Stephens, Anthony: »Was hilfts, daß ich jetzt schuldlos mich erzähle?« Zur Bedeutung der Erzählvorgänge in Kleists Dramen. In: Jahrbuch der Deutschen Schillergesellschaft 29 (1985) S. 301–323.

– »Das nenn ich menschlich nicht verfahren«. Skizzen zu einer Theorie der Grausamkeit im Hinblick auf Kleist. In: Dirk Grathoff (Hrsg.): Heinrich von Kleist. Studien zu Werk und Wirkung. Opladen 1988. S. 10–39.

Stolze, Reinhold: Kleists Käthchen von Heilbronn auf der deutschen Bühne. Berlin 1923.

Streller, Siegfried: Das dramatische Werk Heinrich von Kleists. Berlin 1966.

Tatar, Maria Magdalena: Romantic ›Naturphilosophie‹ and Psychologie. A Study of G. H. Schubert and the Impact of his Works on Heinrich von Kleist and E. T. A. Hoffmann. Diss. [masch.] Princeton 1971.

Thomas, Ursula: Heinrich von Kleist and Gotthilf Heinrich Schubert. In: Monatshefte für deutschen Unterricht, deutsche Sprache und Literatur 51 (1959) S. 249–261.

Ueding, Gert: Zweideutige Bilderwelt: »Das Käthchen von Heilbronn«. In: Walter Hinderer (Hrsg.): Kleists Dramen. Neue Interpretationen. Stuttgart 1981. S. 172–187.

Weidmann, Heiner: Heinrich von Kleist. – Glück und Aufbegehren. Eine Exposition des Redens. Bonn 1984.

Weigand, Hermann J.: Zu Kleists »Käthchen von Heilbronn«. In: Studia Philologica et Littera in Honorem L. Spitzer. Bern 1958. S. 413–430. – Wiederabgedr. in: Heinrich von Kleist. Aufsätze und Essays. Hrsg. von Walter Müller-Seidel. Darmstadt 1976. S. 326–350.

Wichmann, Thomas: Heinrich von Kleist. Stuttgart 1988.

Wolff, Hans M.: Heinrich von Kleist. Die Geschichte seines Schaffens. Berkeley / Los Angeles 1954. – Teilabdr. u. d. T.: Käthchen von Heilbronn und Kunigunde von Thurneck. In: Trivium 9 (1951) H. 4. S. 214 bis 224.

Wukadinović, Spiridon: Über Kleist's »Käthchen von Heilbronn«. In: Euphorion (1895) Erg.-H. S. 14–36. – Wiederabgedr. in: S. W.: Kleist-Studien. Berlin/Stuttgart 1904. S. 135–172.

Zigelski, Hans: Heinrich von Kleist im Spiegel der Theaterkritik des 19. Jahrhunderts bis zu den Aufführungen der Meininger. Berlin 1934.

4. Hilfsmittel

Adelung, Johann Christoph: Grammatisch-kritisches Wörterbuch der hochdeutschen Mundart. 4 Bde. Leipzig 1793–1801. – Nachdr. Hildesheim / New York 1970.

Bächtold-Stäubli, Hanns (Hrsg.): Handwörterbuch des deutschen Aberglaubens. 10 Bde. Berlin/Leipzig 1927 ff.

[Brockhaus:] Allgemeine deutsche Real-Encyclopädie für die gebildeten Stände. 5. Aufl. Bd. 1 ff. Leipzig 1819 ff.

Deutsches Wörterbuch. [Begr.] von Jacob Grimm und Wilhelm Grimm. 32 Bde. [Bd. 1–16 in 32 Tln.] Leipzig 1854–1954. Erg.-Bd.: Quellenverzeichnis. Ebd. 1971. – Nachdr. 33 Bde. München 1984.

Hederich, Benjamin: Gründliches mythologisches Lexicon. Leipzig 1770.

Wander, Karl Friedrich Wilhelm: Deutsches Sprichwörter-Lexikon. 5 Bde. Leipzig 1862–80.

Für die freundliche Genehmigung zum Abdruck von Zitaten und Auszügen aus urheberrechtlich geschützten Werken danken Herausgeber und Verlag den einzelnen Rechteinhabern. Die genauen Quellennachweise finden sich jeweils unter den Zitaten.

Erläuterungen und Dokumente

Eine Auswahl

Philipp Reclam jun. Stuttgart

Heinrich von Kleist

IN RECLAMS UNIVERSAL-BIBLIOTHEK

Amphitryon. (H. Bachmaier) 93 S. UB 7416 – dazu *Erläuterungen und Dokumente* (H. Bachmaier) 160 S. UB 8162

Die Familie Schroffenstein. (C. Hohoff) 120 S. UB 1768

Die Hermannsschlacht. 104 S. UB 348

Das Käthchen von Heilbronn oder die Feuerprobe. 127 S. UB 40 – dazu *Erläuterungen und Dokumente* (D. Grathoff) 162 S. UB 8139

Die Marquise von O... Das Erdbeben in Chili. (Ch. Wagenknecht) 80 S. UB 8002 – *Erläuterungen und Dokumente* zu *Die Marquise von O...* (S. Doering) 125 S. UB 8196 – *Erläuterungen und Dokumente* zu *Das Erdbeben in Chili.* (H. Appelt / D. Grathoff) 151 S. UB 8175

Michael Kohlhaas. (P. M. Lützeler) 127 S. UB 218 – dazu *Erläuterungen und Dokumente* (G. Hagedorn) 111 S. UB 8106

Penthesilea. 104 S. UB 1305 – dazu *Erläuterungen und Dokumente* (H. Appelt / M. Nutz) 159 S. UB 8191

Prinz Friedrich von Homburg. (E. von Reusner) 95 S. UB 178 – dazu *Erläuterungen und Dokumente* (F. Hackert) 237 S. UB 8147

Robert Guiskard. (W. Golther) 70 S. UB 6857

Sämtliche Erzählungen. (W. Müller-Seidel) 333 S. UB 8232 – auch geb.

Die Verlobung in St. Domingo. Das Bettelweib von Locarno. Der Findling. 72 S. UB 8003

Der zerbrochne Krug. 79 S. UB 91 – dazu *Erläuterungen und Dokumente* (H. Sembdner) 157 S. UB 8123

Der Zweikampf. Die heilige Cäcilie. Sämtliche Anekdoten. Über das Marionettentheater und andere Prosa. 104 S. UB 8004

Philipp Reclam jun. Stuttgart